내 주위엔 온통 수학이야 4
머리카락이 몇 개인지 어떻게 세나요?

1판 1쇄 발행 2024년 07월 15일

지은이 장경아 | **발행처** 도서출판 혜화동
발행인 이상호 | **편집** 이희정 | **디자인** nutbug
주소 경기도 고양시 일산동구 위시티3로 111, 202-2504
등록 2017년 8월 16일 (제2017-000158호)
전화 070-8728-7484 | **팩스** 031-624-5386
전자우편 hyehwadong79@naver.com

ISBN 979-11-90049-45-0 (73410)

ⓒ 장경아, 2024
이 책은 저작권법에 따라 보호를 받는 저작물이므로 무단 전재와 무단 복제를 금지하며,
이 책의 전부 또는 일부를 이용하려면 반드시 저작권자와 도서출판 혜화동의 서면 동의를
받아야 합니다.

* 책값은 뒤표지에 있습니다.
* 잘못된 책은 바꾸어 드립니다.

생활 속에서 키우는 수학적 사고력

내 주위엔 온통 수학이야 ④

머리카락이 몇 개인지 어떻게 세나요?

장경아 지음

혜화동

서문

> **누구나 내 주변에서
> 수학을 찾을 수 있을 거예요!**

　우리나라 학생들은 '수학'을 정말 열심히 공부하는 것 같아요. 학년이 올라갈수록 수학 공부에 더 많은 시간을 쏟아요. 이렇게 학생들이 수학 공부를 열심히 하는 건 아마도 '수학'이 좋은 대학을 가는 데에 중요한 역할을 하기 때문일 거예요.

　그런데 만약 누군가 여러분에게 '수학'이 우리의 삶과 무슨 상관이 있는지 묻는다면 뭐라고 대답할 수 있을까요? 혹시 계산 정도만 하면 살아가는 데에 아무 문제 없다는 생각이 들지 않나요? 국어나 과학, 사회, 영어와 같은 과목은 우리가 생활하는 데 필요할 것 같다는 생각에 의심 없는데 말이에요.

'수학'을 공부하는 가장 큰 이유는 수학을 공부하는 것을 통해 생각하는 힘을 기를 수 있기 때문이에요. 이런 힘은 우리가 살아가며 겪는 많은 문제를 해결하는 데에 도움이 되지요. 하지만 이런 답은 머리로는 이해되지만, 어린이들에게는 잘 와 닿지 않을 수 있어요.

어떻게 하면 어린이들에게 수학은 우리 생활에 꼭 필요하고, 우리 삶을 편리하게 해 준다는 걸 알려 줄 수 있을지 고민하며 주변을 둘러보기 시작했어요. 내 주위에 있는 물건을 유심히 관찰하니 많은 물건 속에 수학이 있다는 걸 알 수 있었답니다.

집에 있는 TV, 의자, 자전거, 컵, 신발에도, 또 필통 속에 있는 가위, 연필에서도 수학을 찾을 수 있어요. 길 위의 자동차 번호판, 신호등에서도 말이에요. 수학은 수학 문제집에만 있는 게 아니라 생활 속에서 누구나 사용하는 물건 속에서 쉽게 찾을 수 있답니다. 정말인지 궁금하다면, 지금부터 내 주변에 어떤 수학이 있는지 같이 만나 봐요!

이 책은 '수학을 배우면 어디에 쓰일까?' 또는 '수학 공부는 도대체 나와 무슨 상관이 있는 걸까?' 같은 생각이 종종 드는 어린이들에게 조금이나마 답이 될 수 있다고 생각해요.

차례

서문 — 4

01.
머리카락이 몇 개인지 어떻게 세나요?

머리카락이 빠지는 건 자연스러운 현상! — 9
머리카락이 몇 개인지 어떻게 셀까? — 13
인종에 따라 머리카락 개수가 같을까? 다를까? — 16
수학 UP! 문해력 UP! 읽고 풀어 봐~! — 19

02.
어떤 이름을 가진 어린이가 가장 많을까?

우리나라에서 가장 많은 성씨는? — 22
초등학생 어린이의 인기 이름은? — 25
최근 태어난 아기들의 인기 이름은? — 28
수학 UP! 문해력 UP! 읽고 풀어 봐~! — 31

03.
비만인지 아닌지 어떻게 알 수 있어요?

세 살 비만이 여든까지 간다고? — 35
비만, 이렇게 확인해 봐~! — 38
어린이 비만은 같은 성별 또래와 비교해 봐~! — 41
수학 UP! 문해력 UP! 읽고 풀어 봐~! — 45

04.
바코드는 어떻게 만드는 건가요?

바코드, 긴 막대의 비밀은? — 48
바코드 13개의 숫자, 어떻게 만들어질까? — 52
책은 왜 바코드 숫자가 다를까? — 55
수학 UP! 문해력 UP! 읽고 풀어 봐~! — 59

05.
시력이 1.0이라는 건
무슨 뜻인가요?

시력검사표에 왜 C 모양이 있을까? — 62
시력 1.0의 비밀은? — 65
'마이너스' 시력, 정말 있을까? — 68
수학 UP! 문해력 UP! 읽고 풀어 봐~! — 72

06.
알찬 하루 계획표를
만드는 비결은?

원을 똑같이 24칸으로 나누려면? — 75
하루의 잠자는 시간, 몇 시간이면 될까? — 78
공부, 운동, 취미는 똑같이 $\frac{1}{3}$ 만큼! — 81
수학 UP! 문해력 UP! 읽고 풀어 봐~! — 84

07.
비행기 표 가격은
왜 계속 바뀌나요?

비행기 표 가격이 껑충! 그 이유는? — 87
100개의 좌석에 100개의 가격이 있다고? — 90
비행기 표, 싸게 사는 방법이 있을까? — 93
수학 UP! 문해력 UP! 읽고 풀어 봐~! — 96

08.
가구의 크기는
어떻게 재나요?

6자 장롱은 몇 센티미터일까? — 100
가구에 표시된 W, D, H는 뭘까? — 104
의자 크기에는 SH와 AH도 있다고? — 106
수학 UP! 문해력 UP! 읽고 풀어 봐~! — 109

> 01.
> 머리카락이 몇 개인지
> 어떻게 세나요?

💬 머리카락이 빠지는 건 자연스러운 현상!

　머리를 빗을 때, 머리카락이 많이 떨어져서 걱정한 적이 있나요? 혹시 '이렇게 머리카락이 빠지다가 대머리가 되는 건 아닌가?' 하고 생각한 적이 있을지도 모르겠어요. 하지만 그런 걱정은 하지 않아도 돼요. 머리카락이 빠지는 건 자연스러운 일이기 때문이에요.

　사람의 머리카락 수는 보통 7만~12만 개라고 해요. 이 중 50~100개의 머리카락이 매일 빠지지요. 만약 머리카락이 하루에 50개씩 빠진다면, 100일이 지나면 5000개, 1000일이 지나면 5만 개가 빠지는 셈이에요.

그럼 나중엔 머리카락이 모두 사라지는 것 아니냐고요? 걱정하지 마세요. 사람의 머리카락은 한꺼번에 빠지지 않을 뿐더러, 시간이 지나면 다시 자라나거든요.

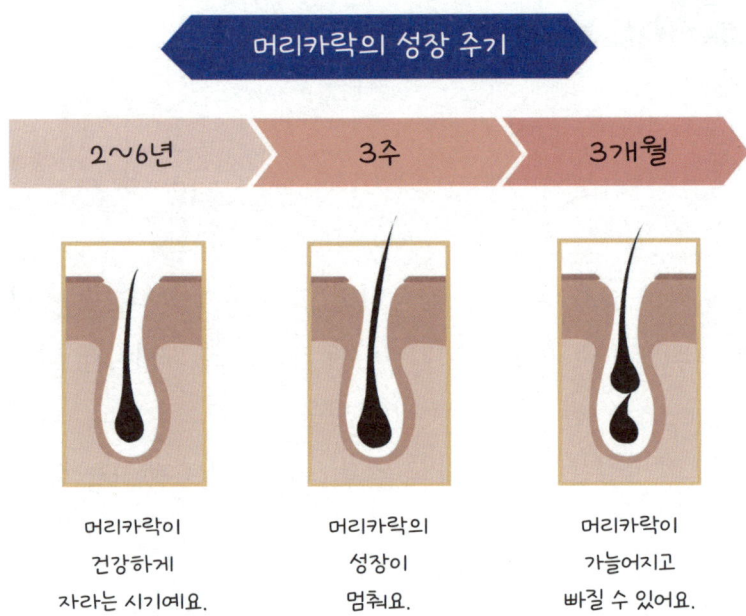

머리카락은 일정한 성장 주기를 가지고 있어요. 처음 머리카락이 나오기 시작하고 2~6년 정도는 머리카락이 건강하게 자라는 시기예요. 이 시기가 지나면 3주 동안은 머리카락이 더는 자라지 않지요. 이후 3개월 동안은 머리카락이 서서히 가늘어지면서, 머리카락이 빠지고 나면 같은 자리에서 다시 새로운 머리카락이 자란답니다.

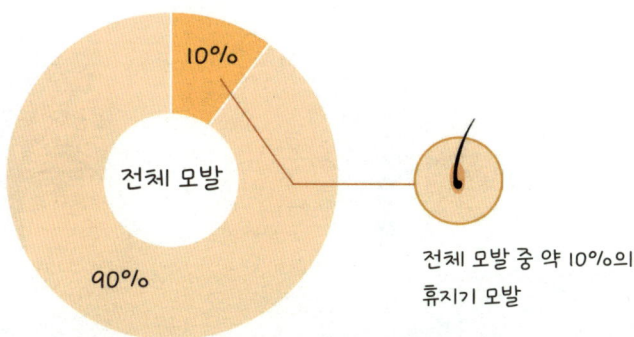

전체 머리카락의 약 90%는 머리카락이 건강하게 자라는 시기에 속해요. 만약 나에게 약 10만 개의 머리카락이 있다면, 그중 1만 개의 머리카락만이 약 3~4개월에 걸쳐 빠지는 거예요. 나머지 9만 개의 머리카락은 아직 자라고 있으므로 머리카락이 매일 50개씩 빠지더라도 머리카락의 개수를 유지할 수 있답니다.

교과서 속 수학 개념!

주기란, 일정한 시간마다 같은 현상이 이루어지는 것을 뜻해요. 봄, 여름, 가을, 겨울의 사계절이 반복되는 것도 주기라고 볼 수 있어요.

반복되는 규칙에 따라 자라고, 빠지는 머리카락도 성장 주기를 갖고 있는 것이에요. 주기를 알면 규칙에 따라 시간이 지난 후를 예상할 수 있어요.

" 머리카락이 몇 개인지 어떻게 셀까? "

내 머리카락은 대략 몇 개일까요? 머리카락을 일일이 세지 않고도 개수를 짐작하는 방법이 있어요.

1단계 : 1cm² 안에 몇 개의 머리카락이 있는지 세어 본다.

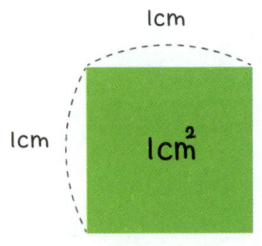

먼저 머리카락의 개수를 셀 수 있을 정도의 작은 부분을 정해요. 가로 1cm, 세로 1cm 정사각형을 머리에 그렸다고 생각하고 그 안에 머리카락을 세어 보는 거지요.

이때 정사각형 안에 있는 머리카락의 개수를 정확하게 셀 필요는 없어요. 정확한 개수에 최대한 가까운 값을 구하는 것이기 때문이에요. 만약 1cm² 안에 있는 머리카락이 실제로 108개라면, 약 100개가 있다고 생각할 수 있어요.

2단계: 머리카락이 자라는 부분의 넓이를 구한다.

머리카락이 자라는 두피의 넓이는 사람의 머리를 동그란 공 모양인 '구'로 생각하고 구할 수 있어요. 머리카락이 자라는 부분은 구의 겉넓이 절반 정도라고 볼 수 있어요.

성인의 머리 크기와 비슷한, 지름이 약 25cm인 구의 겉넓이는 공식(구의 겉넓이 = 4 × 3.14 × 반지름 × 반지름)으로 값을 쉽게 구할 수 있는데, 약 1960㎠ 정도 돼요. 머리카락이 자라는 부분의 넓이는 구의 겉넓이 절반이므로 980㎠인 셈이에요.

3단계: 전체 머리카락의 개수를 계산한다.

단위 면적인 1㎠ 안에 있는 머리카락의 개수가 100개이므로, 머리카락의 전체 개수는 980 × 100 = 9만 8000개라고 어림잡아 구할 수 있어요.

교과서 속 수학 개념!

어림하는 방법 3가지! '올림, 버림, 반올림'

정확한 계산을 하지 않고 대강 짐작해서 수를 헤아리는 것을 '어림'이라고 해요. 어림하는 방법에는 크게 올림, 버림, 반올림의 3가지로 나뉘어요.

올림

1 3 3 → 1 4 0
백의 자리 / 십의 자리 / 일의 자리
구하려는 자리의 숫자에 1을 더함

올림은 구하려는 자리의 숫자에 1을 더하고 그보다 아래 수는 0으로 만드는 것을 말해요. 만약 133을 올림하여 십의 자리까지 나타내면 140이 돼요.

버림

1 3 3 → 1 3 0
백의 자리 / 십의 자리 / 일의 자리
구하려는 자리 / 구하려는 자리 아래 수를 버림

버림은 구하려는 자리의 아래 수를 버려서 0으로 나타내는 것을 말해요. 133을 버림하여 십의 자리까지 나타내면 130이 되지요.

반올림

1 3 3
백의 자리 / 십의 자리 / 일의 자리
구하려는 자리

구하려는 자리 아래 수가
1~4면 버림 → 1 3 0
5~9면 올림 → 1 4 0

반올림은 구하려는 자리 아래 숫자가 5보다 작으면 버리고 5이거나 그보다 크면 구하려는 자리에 1을 더해 주는 방법을 말해요. 133에서 일의 자리 숫자는 3이므로 반올림하여 십의 자리까지 나타내면 130이 돼요.

01. 머리카락이 몇 개인지 어떻게 세나요?

66 인종에 따라 머리카락 개수가 같을까? 다를까? 99

머리카락의 개수는 개인마다 달라요. 또 인종에 따라서 머리카락의 개수나 색깔, 머리카락의 굵기나 모양도 다르지요. 인종에 따라 머리카락의 개수가 어떻게 다를까요?

두피 1㎠에 머리카락이 몇 개 있는지를 비교해 보았더니 백인종이 가장 많았고, 그다음으로는 황인종, 흑인종 순서였어요. 가장 머리카락의 수가 많은 백인의 경우 머리카락의 개수는 평균 약 10만 개였고, 두피 1㎠에 머리카락이 약 200개 정도로 머리카락이 촘촘하게 있는 편이에요.

백인은 머리카락이 자라는 주머니라고 볼 수 있는 모낭에 머리카락의 뿌리와 같은 모근이 1~3개가 있어요. 보통의 경우 모낭 하나에 모근이 한 개이므로 백인종의 경우 모근이 많은 거예요. 하지만 머리카락의 굵기는 가는 편이에요. 머리카락의 모양은 물결 모양, 곧거나 곱슬머리 등 다양해요.

황인종의 경우 머리카락의 개수는 평균 약 8만 개로 백인종보다 좀 적은 편이에요. 반면 백인보다 머리카락의 굵기는 조금 더 굵은 편이지요. 머리카락의 개수는 적지만, 굵기가 굵은 편이라 황인종이 백인종보다 머리카락이 좀 더 많게 보여요. 그래서 탈모가 생기면 백인보다 겉으로 잘 드러나 보여요.

우리나라의 경우 황인종의 머리카락 특징을 보여요. 하지만 머리카락의 개수는 백인종과 비슷한 평균 약 10만 개 정도로 많은 편이에요. 성인 남성의 경우 머리카락의 개수는 약 11만 6천 개, 여성의 경우 약 10만 7천 개예요.

흑인의 경우 모발은 약 6만 개로 다른 인종보다 머리카락의 개수가 가장 적어요. 두피 1㎠에 있는 머리카락의 개수도 약 120~140개 정도지요. 굵기도 가는 편이에요. 하지만 흑인의 머리카락은 곱슬머리가 많아서 다른 인종의 머리카락보다 덜 빠지고, 풍성해 보이는 효과가 있어요.

생활의 꿀팁 퀴즈!

Q1. 부모님의 흰 머리카락, 뽑아 드릴까? 뽑지 말아야 할까?
① 뽑아야 한다. 흰 머리카락을 뽑으면 다시 검은 머리카락이 자란다.
② 뽑지 말아야 한다. 흰 머리카락을 뽑은 곳에서 다시 흰 머리카락이 자란다.

Q2. 머리카락은 하루에 몇 mm 자랄까? 단, 10mm=1cm
① 하루 평균 약 0.1mm
② 하루 평균 약 0.3mm

Q1. ②번. 흰 머리카락을 뽑은 모낭에서는 다시 흰 머리카락이 자라게 되고, 머리카락을 자주 뽑으면 모낭이 손상되어 머리카락이 아예 자라지 않을 수도 있다.

Q2. ②번. 머리카락은 하루에 약 0.3~0.5mm 자란다. 한 달이면 약 1cm 정도가 자라고 1년이면 약 12cm 정도가 자란다.

수학 UP! 문해력 UP! 읽고 풀어 봐~!

1. 다음은 머리카락의 성장주기를 나타낸 것이에요. 순서에 따라 배열해 보세요.

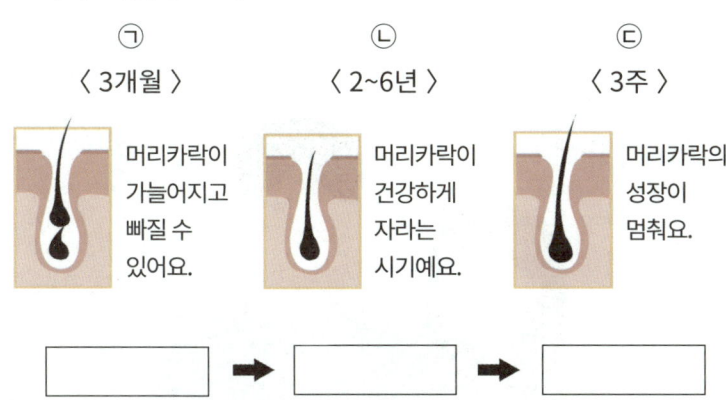

2. 다음 글의 빈칸에 들어갈 알맞은 수는 무엇인가요?

> 전체 머리카락의 약 (㉠)%는 머리카락이 건강하게 자라는 시기에 속해요. 만약 나에게 약 10만 개의 머리카락이 있다면, 그 중 1만 개의 머리카락만이 약 3~4개월에 걸쳐 빠지는 거예요. 나머지 9만 개의 머리카락은 아직 자라고 있으므로 머리카락이 매일 50개씩 빠지더라도 머리카락의 개수를 유지할 수 있답니다.

① 90 ② 80 ③ 70 ④ 50

3. 부모님 머리카락의 개수를 어림으로 구해 보려고 해요. 머리카락이 자라는 두피 1㎠에 있는 머리카락의 개수는 다음과 같았어요. 머리카락이 자라는 전체 두피의 넓이를 980㎠이라고 할 때, 엄마와 아빠의 머리카락 개수를 구해 보세요.

4. 인종에 따른 머리카락 특징으로 잘못된 것을 두 개 고르세요.
   ① 황인종의 머리카락은 백인종이나 흑인종보다 머리카락의 개수가 가장 많은 편이다.
   ② 황인종 머리카락의 굵기는 백인종이나 흑인종보다 굵은 편이다.
   ③ 우리나라 사람들은 황인종의 머리카락 특징을 보이나, 개수는 많은 편이다.
   ④ 황인종의 모낭에는 모근이 약 3개로 많아 탈모 위험이 가장 적다.
   ⑤ 흑인의 머리카락은 개수도 적고 가늘지만, 곱슬머리가 많아 풍성하게 보인다.

정답

1. ⓒ → ⓓ → ⓐ

2. ①번

3. 엄마 : 980×100=9만 8000개, 아빠 980×120=11만 7600개

4. ①, ④

   ① 인종 중에 머리카락의 개수가 가장 많은 건 백인종이다.
   ④ 모낭에 모근의 개수가 많은 인종은 백인종이다.

02. 어떤 이름을 가진 어린이가 가장 많을까?

❝ 우리나라에서 가장 많은 성씨는? ❞

우리나라에는 어떤 성씨가 가장 많을까요? 2015년 통계청이 실시한 '인구주택총조사'에 따르면, 가장 많은 성씨는 김(金) 씨였어요. 1위부터 10위까지는 다음과 같아요.

	1위	2위	3위	4위	5위	6위	7위	8위	9위	10위
성씨	김	이	박	최	정	강	조	윤	장	임
백분율 (%)	21.5	14.7	8.4	4.7	4.3	2.4	2.1	2.1	2.0	1.7

표로만 봤을 때는 각각의 성씨가 우리나라 사람 전체 중 어느 정도를 차지하는지 알아보기 어려워요. 이럴 때 원그래프를 이용하면 어떤 성씨가 전체의 어느 정도인지 한눈에 알 수 있어요.

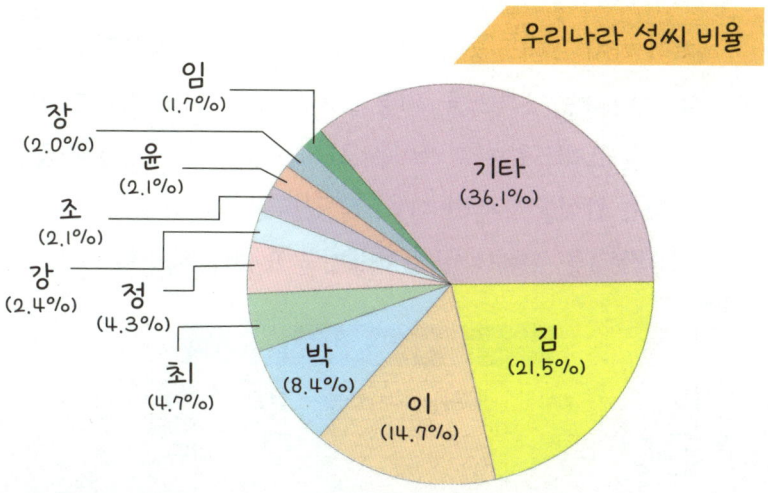

모든 성씨 중 가장 많은 김 씨는 전체의 약 $\frac{1}{5}$ 이에요. 우리나라 사람 5명 중 1명은 김 씨인 셈이지요. 그다음으로 많은 이 씨는 전체의 약 $\frac{1}{7}$ 이에요. 가장 많은 성씨 1위부터 5위까지인 김, 이, 박, 최, 정 씨 성을 가진 사람을 모두 더하면 우리나라 전체 인구의 절반이 조금 넘어요. 김, 이, 박, 최, 정, 강, 조, 윤, 장, 임 씨를 제외한 나머지 약 520여 개의 성씨를 가진 사람은 전체의 약 $\frac{1}{3}$ 정도를 차지한답니다.

교과서 속 수학 개념!

전체에 대한 각 부분의 비율을 나타내는 '비율 그래프'

여러 가지 그래프 중에서도 전체에 대한 각 부분의 비율을 나타내는 그래프를 '비율 그래프'라고 해요. 원그래프는 비율 그래프로 자주 쓰이는 그래프지요. 초등학생들이 좋아하는 간식을 조사한 다음, 각 간식별 좋아하는 학생 수의 백분율을 구해서 원에 비율만큼 표시하면 돼요.

초등학생들이 좋아하는 간식

	피자	떡볶이	과자와 빵	치킨	떡	합계
학생 수	30	20	36	110	4	200
백분율(%)	15	10	18	55	2	100

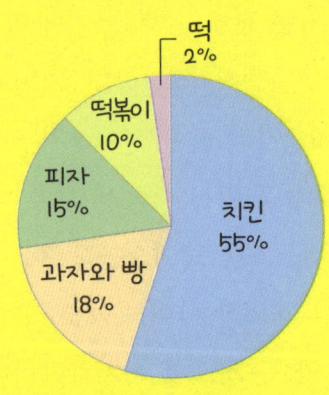

예를 들어 피자를 좋아하는 학생은 전체 200명 중 30명으로 백분율을 구하면 $\frac{30}{200} \times 100 = 15(\%)$예요. 원을 100칸으로 나눈 것 중 15칸에 해당하도록 색칠하면 된답니다.

초6 ·· 여러 가지 그래프

"초등학생 어린이의 인기 이름은?"

이름에도 유행이 있다는 걸 알고 있나요? 시대마다 많이 쓰이는 이름이 다르답니다. 2014년부터 2016년 사이에 태어난 남, 여 어린이의 인기 있는 이름 순위를 표로 나타내면 다음과 같아요.

순위	여자 어린이 이름 순위		
	2016년생	2015년생	2014년생
1	서윤	서윤	서윤
2	서연	서연	서연
3	하윤	지우	하윤
4	지유	지유	지우
5	지우	하윤	서현
6	하은	서현	지유
7	지아	민서	민서
8	수아	하은	윤서
9	서현	지아	채원
10	하린	다은	지아

순위	남자 어린이 이름 순위		
	2016년생	2015년생	2014년생
1	민준	민준	서준
2	서준	서준	민준
3	하준	하준	하준
4	도윤	도윤	주원
5	주원	주원	예준
6	예준	예준	도윤
7	시우	준우	지후
8	지호	지호	준우
9	준우	지후	준서
10	유준	준서	지호

*출처: 전자가족관계등록시스템 통계 서비스

2014년부터 2016년까지 태어난 여자 어린이의 이름으로는 '서윤'이 가장 많았어요. 그다음은 '서연'이 많았지요. 남자 어린이의 경우는 '민준'과 '서준'이라는 이름이 1위와 2위를 번갈아 차지했어요.

남자 어린이의 경우는 2014년에는 순서가 바뀌긴 했지만, '민준'과 '서준' 이름이 각각 1위, 2위였어요. 여자 어린이의 경우 글자 '서'가 들어간 이름이 인기가 있었고, 남자 어린이의 경우 글자 '준'이 들어간 이름이 인기가 많았어요.

그 밖에도 여자 어린이는 '하윤', '지유', '지우', '서현' 등의 이름이 3년 동안 인기였고, 남자 어린이는 '하준', '도윤', '주원', '예준' 등의 이름이 인기였던 것으로 나타났어요. 여러분의 이름도 인기 순위 10위 안에 혹시 있나요? 자신의 이름이 있는지, 또는 친구의 이름이 있는지 찾아보세요.

생활 속 꿀팁!

우리나라 사람들의 이름 통계, 어디서 알 수 있을까?

전자가족관계등록시스템 홈페이지(https://efamily.scourt.go.kr)에서 연도에 따라 어떤 이름이 많은지 확인할 수 있어요. 연도는 물론, 지역에 따라, 또 성별에 따라 어떤 이름이 많은지도 조회가 가능하답니다.

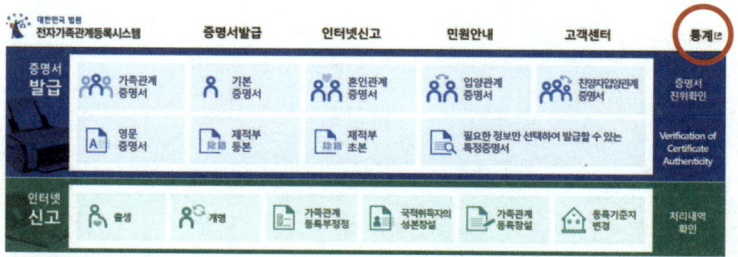

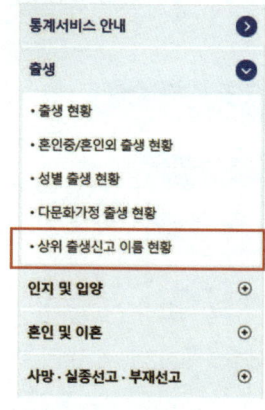

① 홈페이지에 들어가면 맨 오른쪽에 있는 '통계'라고 된 부분을 눌러요.

② 왼쪽 항목 중에서 '상위 출생신고 이름 현황'을 선택한 다음, 원하는 조건에 맞는 결과를 확인할 수 있어요.

😊 최근 태어난 아기들의 인기 이름은? 😊

 최근에 태어난 아기들에게 가장 많이 쓰이는 이름은 무엇일까요? 2023년 한 해 동안 출생신고를 한 아기의 이름을 조사한 결과 다음과 같았어요.

순위	남자 아기 인기 이름		여자 아기 인기 이름	
1위	이준	2111명	서아	2105명
2위	도윤	1930명	이서	1868명
3위	하준	1883명	아윤	1520명
4위	은우	1759명	지아	1517명
5위	서준	1710명	하윤	1451명

*출처: 전자가족관계등록시스템 통계 서비스

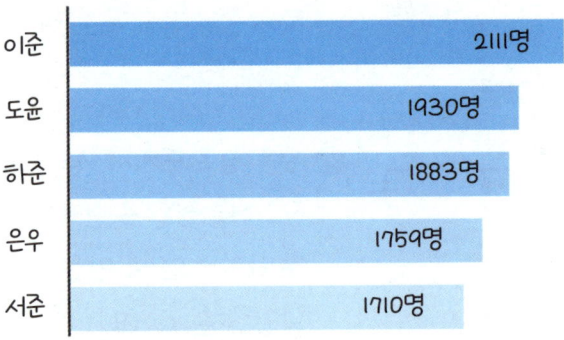

▲ 2023년 태어난 남자 아기 이름 순위

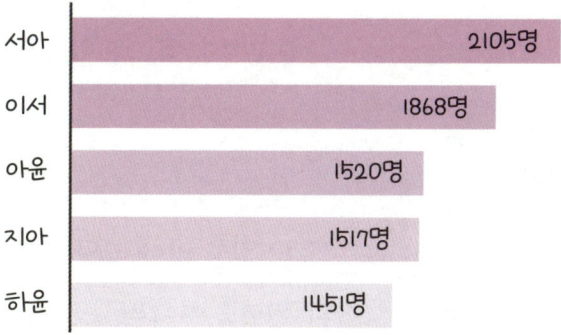

▲ 2023년 태어난 여자 아기 이름 순위

　표를 토대로 만든 막대그래프를 살펴보니, 남자 아기의 이름으로는 '이준'이 가장 많았어요. 여자 아기의 이름으로는 '서아'가 가장 많았고요. 그런데 막대의 길이가 서로 비슷한 걸 보면 1위부터 5위까지의 이름을 가진 아기의 수는 크게 차이 나지는 않아요. 하나의 이름이 눈에 띄게 인기가 있다는 것보다는 5개의 이름이 비슷하게 인기가 많다는 걸 한눈에 알 수 있어요. 이름은 인기 있는 이름만이 좋은 건 아니에요. 모든 이름은 인기와 상관없이 소중한 이름이라는 걸 꼭 기억해야겠죠?

교과서 속 수학 개념!

막대그래프, 막대 길이의 차이를 살펴보자!

막대그래프는 이름대로 자료의 값을 막대 모양으로 나타낸 것이에요. 막대 길이의 차이로 각각의 수의 차이가 한눈에 나타나요. 막대의 길이 차이가 크다면 각각의 자료의 값 차이도 큰 것이에요. 반대로 막대의 길이 차이가 거의 나지 않는다면, 각각의 자료의 값 차이도 거의 없다는 것이지요.

막대그래프에서는 막대 길이의 차이가 크게 나는지, 적게 나는지를 잘 살펴보세요.

초6 ·· 여러 가지 그래프

수학 UP! 문해력 UP! 읽고 풀어 봐~!

1. 우리 반 친구들의 이름을 조사한 후, 어떤 성씨가 많은지 표와 막대그래프로 나타내 보세요.

   1단계. 우리 반 친구들의 이름 적기

   2단계. 성씨에 따른 인원수 표로 정리하기

성씨							기타
학생 수 (명)							

   3단계. 막대그래프로 나타내기

   (명)
   10 / 9 / 8 / 7 / 6 / 5 / 4 / 3 / 2 / 1

   학생 수 / 성씨 .... 기타

2. 다음은 우리나라의 성씨 비율을 표로 나타낸 것이에요. 이 표를 토대로 비율 그래프인 원그래프를 그렸을 때, 빈칸에 들어갈 성씨를 쓰세요.

	1위	2위	3위	4위	5위	6위	7위	8위	9위	10위
성씨	김	이	박	최	정	강	조	윤	장	임
백분율(%)	21.5	14.7	8.4	4.7	4.3	2.4	2.1	2.1	2.0	1.7

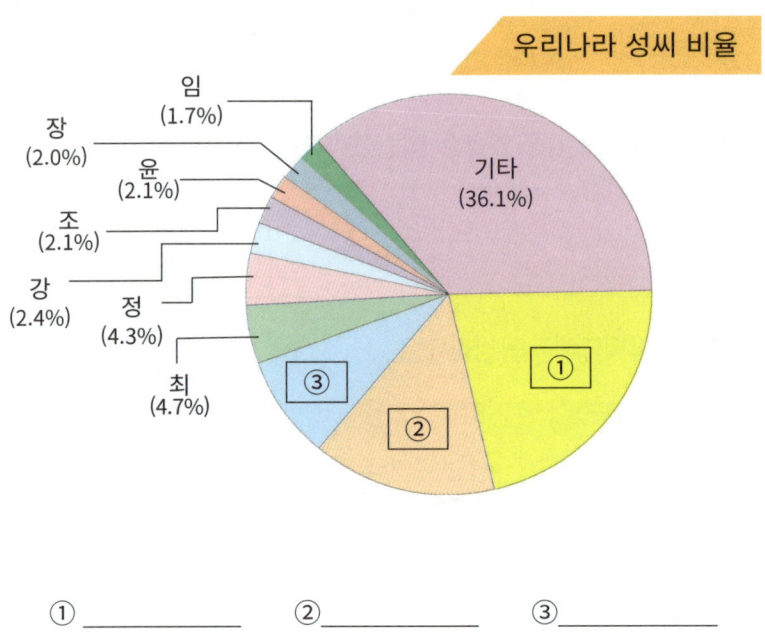

① _____ ② _____ ③ _____

3. 다음은 2014년부터 2016년 사이에 태어난 남, 여 어린이의 인기 있는 이름 순위를 표로 나타낸 것이에요. 잘못된 설명을 두 개 고르세요.

여자 어린이 이름 순위			
순위	2016년생	2015년생	2014년생
1	서윤	서윤	서윤
2	서연	서연	서연
3	하윤	지우	하윤
4	지유	지유	지우
5	지우	하윤	서현
6	하은	서현	지유
7	지아	민서	민서
8	수아	하은	윤서
9	서현	지아	채원
10	하린	다은	지아

남자 어린이 이름 순위			
순위	2016년생	2015년생	2014년생
1	민준	민준	서준
2	서준	서준	민준
3	하준	하준	하준
4	도윤	도윤	주원
5	주원	주원	예준
6	예준	예준	도윤
7	시우	준우	지후
8	지호	지호	준우
9	준우	지후	준서
10	유준	준서	지호

① 2016년부터 2014년생까지 여자 어린이 이름 중 가장 인기가 있는 이름은 서윤이다.
② 2016년부터 2015년생까지 여자 어린이 이름 중 지유는 5위 안에 항상 있다.
③ 2015년생 여자 어린이 이름 순위 중 다은은 10위이다.
④ 민준은 2016, 2015년생 남자 어린이 이름 중 가장 인기가 있는 이름이다.
⑤ 2016년부터 2014년생까지 남자 어린이 이름 중 서준은 항상 두 번째로 인기 있는 이름이다.
⑥ 2015년생 남자 어린이 인기 이름 중 유준은 10위 안에 있다.

정답

1. 친구들의 이름을 적고, 표를 완성한 후 막대 그래프를 그려보세요.

2. ①김, ②이, ③박

3. ⑤, ⑥

> 03.
> 비만인지 아닌지
> 어떻게 알 수 있어요?

❝ 세 살 비만이 여든까지 간다고? ❞

비만은 단순히 체중이 많이 나가는 것을 의미하는 게 아니라 우리 몸 안에 지방이 정상보다 많이 쌓이는 것을 말해요. 몸에 지방이 과도하게 쌓이게 되면 기름기가 많아지는 증상인 '고지혈증', 간에 지방이 쌓여 더 큰 병을 일으킬 수 있는 '지방간', 몸속 호르몬 중 하나인 인슐린이 제대로 나오지 않는 '당뇨병' 등에 걸릴 수 있어요.

최근 어린이와 청소년들의 비만인 '소아비만'이 늘고 있어요. 건강보험심사평가원에 따르면, 지난 2017년 비만으로 치료를 받은 어린이와 청소년의 수는 2,241명이었어요. 그런데 2021년에는 7,559명으로 늘었지요. 비만인 어린이와 청소년의 수가 4년 사이에 약 3.37배 늘어난 거예요.

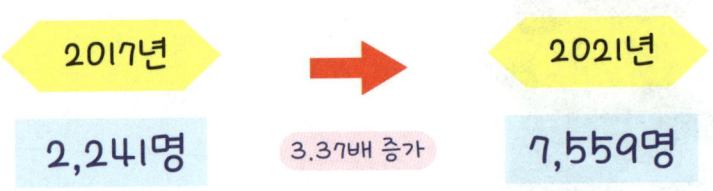

소아비만이 되는 가장 큰 이유는 잘못된 식습관 때문인 경우가 많아요. 지나치게 많이 먹거나, 기름기 많은 음식을 즐겨 먹거나, 편식하는 경우 비만이 될 확률이 높아요. 음식을 적당히 골고루 먹어야 하고, 땀을 흘릴 정도의 운동을 규칙적으로 해야 하지요.

어린이나 청소년의 경우 몸이 자라나는 성장기이므로 몸무게의 변화에 민감하게 신경 쓸 필요는 없어요. 단, 정상 범위에서 벗어나 소아비만이 되면 어른이 되어서도 비만이 될 가능성이 크니 주의해야 한답니다.

> 생활 속 꿀팁!

나의 생활 습관 체크 리스트!

아래의 항목 중 해당하는 것에 표시해 보세요. 5개 이상 해당된다면, 조금 더 건강한 생활 습관을 갖도록 고민해 봐야 해요.

1. 같은 또래보다 체중이 지나치게 많이 나가거나 키에 비해 과체중이다. ☐
2. 세끼 밥보다 군것질을 주로 한다. ☐
3. 스트레스를 받으면 먹는 것으로 푼다. ☐
4. 맵고 짠 음식을 좋아한다. ☐
5. 밥을 먹을 때 항상 국이나 찌개를 찾는다. ☐
6. 라면, 햄버거, 피자 등의 인스턴트 음식이나 패스트푸드를 자주 먹는다. ☐
7. 콜라, 사이다 같은 음료나 초콜릿, 사탕, 과자, 단것을 자주 먹는다. ☐
8. 기름에 튀기거나 볶은 음식을 자주 먹는다. ☐
9. 하루 2~3시간 이상 컴퓨터 게임을 하거나 휴일에는 주로 TV를 본다. ☐
10. 가까운 거리도 걷는 것보다 차를 타고 다닌다. ☐
11. 음식을 빨리 먹고 대충 씹고 삼킨다. ☐
12. 아침은 입맛이 없어 거르는 편이다. ☐
13. 밤에 늦게 자고 야식을 자주 먹는다. ☐
14. 운동을 싫어하고 조금만 움직여도 땀이 많이 난다. ☐
15. TV를 보면서 군것질하는 걸 좋아한다. ☐

〝 비만, 이렇게 확인해 봐~! 〞

몸무게가 많이 나가거나, 살이 좀 쪄 보인다고 해서 모두 비만은 아니에요. 그렇다면 내가 비만인지 아닌지는 어떻게 알 수 있을까요? 자신의 키와 몸무게만으로 비만인지 아닌지를 쉽게 확인할 방법이 있어요.

소아비만을 진단할 때는 '체질량지수(BMI)'를 활용해요. 키와 몸무게를 알면 계산식에 따라 쉽게 구할 수 있어요.

$$\text{체질량지수} = \frac{\text{몸무게(kg)}}{\text{키(m)} \times \text{키(m)}}$$

$$= \text{몸무게} \div (\text{키} \times \text{키})$$

체질량지수는 몸무게를 자신의 키를 거듭 곱한 값으로 나눠서 구해요. 이때, 키는 센티미터(cm)가 아닌 미터(m)로 계산하지요.

만약 키가 130cm이고 몸무게가 30kg이라면, 130cm=1.3m이므로 다음과 같이 계산식을 구하면 돼요.

$$\frac{30}{(1.3 \times 1.3)} = 약\ 17.75$$

이렇게 계산해서 나온 체질량지수가 25 이상이면 비만으로 진단해요. 위의 계산식 값은 약 17.75로 25보다 작기 때문에 정상 체중으로 볼 수 있어요.

체질량지수에 따라 비만의 정도를 나누기도 해요. 체질량지수가 25.0~29.9인 경우 1단계 비만, 체질량지수가 30.0~34.9인 경우는 2단계 비만, 35.0 이상인 경우를 3단계 비만(고도비만)이라고 보지요. 단계가 높아질수록 심각한 비만이라는 의미예요. 체질량지수가 23.0~24.9일 때는 비만은 아니지만 비만이 될 가능성이 높아 주의해야 하지요.

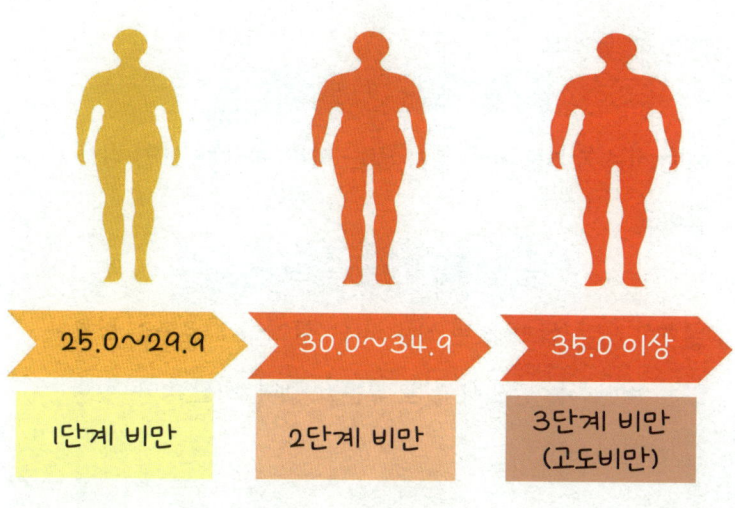

교과서 속 수학 개념!

> 괄호가 있는 계산식은, 괄호 먼저 계산해요!

체질량지수를 계산하는 식을 살펴보면 나눗셈과 곱셈을 해야 해요.

$$체질량지수 = 몸무게 ÷ (키 \times 키)$$

이때 키와 키를 곱한 것에 괄호가 있는데, 계산식에 괄호가 있는 경우에는 괄호가 있는 부분을 먼저 계산해야 한다는 뜻이에요. 만약 괄호가 없다면 계산 결과가 다를까요? 몸무게가 25kg이고, 키가 1.2m일 경우 괄호가 없는 식을 계산해 볼게요.

$$25 ÷ 1.2 \times 1.2 = 25$$

이번에는 뒷부분에 괄호가 있는 경우 계산해 보면 다음과 같아요.

$$25 ÷ (1.2 \times 1.2) = 약 17.36$$

괄호가 있는 식과 없는 식은 계산 결과가 다르므로 괄호가 있는 계산식은 반드시 괄호 부분을 먼저 계산해야 한다는 걸 기억하세요!

초6 :: 소수의 나눗셈

> **어린이 비만은 같은 성별 또래와 비교해 봐~!**

앞서 체질량지수를 계산한 결과로 비만인지 아닌지를 확인할 수 있지만, 성장하고 있는 어린이의 경우 같은 성별과 같은 나이인 또래와 비교해 비만인지 아닌지를 판단해요. 비만인지 아닌지를 정확하게 알고 싶다면 측정계산기를 이용하는 것이 좋아요.

질병관리청 측정계산기에서 성별, 생년월일, 키와 몸무게를 입력하면 체질량지수 값과 함께 또래와 비교한 그래프 결과를 볼 수 있어요.

* https://knhanes.kdca.go.kr/knhanes/sub08/sub08_04.do

예를 들어 생년월일이 2016년 7월 11일이고, 키가 130cm, 몸무게는 30kg인 남자 어린이의 체질량지수 결과는 다음과 같아요.

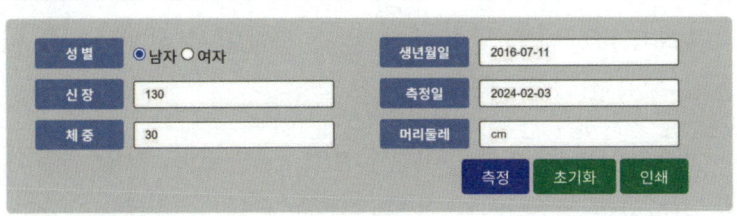

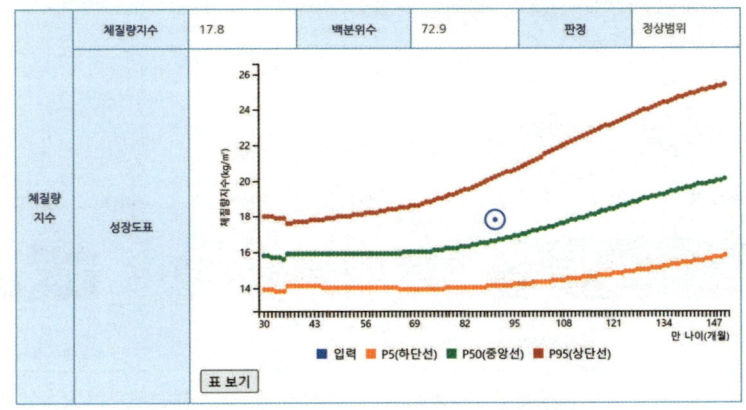

녹색 그래프의 선이 또래 친구들의 평균이므로, 측정한 남자 어린이는 또래 평균보다는 체질량지수 값이 조금 더 큰 편이나 정상범위 안에 있다는 걸 알 수 있어요. 만약 측정한 결과가 녹색 선 아래에 있다면 또래 평균보다 조금 값이 작다는 뜻이에요.

한편 체질량지수가 비만인지 아닌지를 확인할 수 있는 편리한 지표이기는 하지만, 만능 지표는 아니에요. 정확한 비만 여부와 비만의 정도를 알려면 체지방량이나 근육량 등을 정확하게 측정하는 기계로 확인해야 한답니다.

> 생활 속 꿀팁!

내 또래는 어떨까?

어린이와 청소년의 키, 몸무게, 체질량지수의 일반적인 수치를 표로 나타낸 것이에요. 자신의 키, 몸무게, 체질량지수를 또래와 비교해 보세요.

남자			만나이	여자		
신장	체중	체질량지수		신장	체중	체질량지수
122.1	24.2	16.4	7	120.8	23.4	16.1
127.9	27.5	16.9	8	126.7	26.6	16.6
133.4	31.3	17.6	9	132.6	30.2	17.2
138.8	35.5	18.4	10	139.1	34.4	17.8
144.7	40.2	19.1	11	145.8	39.1	18.5
151.4	45.4	19.8	12	151.7	43.7	19.1
158.6	50.9	20.3	13	155.9	47.7	19.7
165.0	56.0	20.8	14	158.3	50.5	20.3

* 출처: 질병관리청

수학 UP! 문해력 UP! 읽고 풀어 봐~!

1. 체질량지수를 계산한 식을 나타낸 것이에요. 빈칸에 들어갈 알맞은 말을 순서대로 나타낸 것을 고르세요.

$$체질량지수 = \frac{(1)}{(2) \times (3)}$$

① 몸무게, 키, 키
② 머리둘레, 키, 키
③ 몸무게, 발 크기, 발 크기
④ 몸무게, 허리둘레, 허리둘레

2. 다음은 건강이의 키와 몸무게예요. 건강이의 체질량지수를 구해 보세요. *계산기를 이용해서 구해 보세요. 단, 소수점 셋째 자리에서 반올림하세요.

건강이의 키와 몸무게			
키	140cm	몸무게	35kg

① 건강이의 체질량지수 계산식

② 건강이의 체질량지수

3. 다음은 체질량지수에 대한 설명이에요. 잘못된 설명을 두 개 고르세요.

① 체질량지수는 키와 몸무게만 알면 쉽게 계산해 값을 구할 수 있다.
② 체질량지수를 계산할 때 키는 센티미터로 계산한다.
③ 체질량지수 값이 20.0 이상이면 비만으로 진단한다.
④ 체질량지수 값에 따라 비만의 정도를 나눌 수 있다.
⑤ 체질량지수가 비만 여부를 알 수 있는 편리한 지표지만, 만능 지표는 아니다.

4. 2016년 7월 11일이고, 키가 130cm, 몸무게는 30kg인 남자 어린이의 체질량지수 결과예요. 잘못된 설명을 두 개 고르세요.

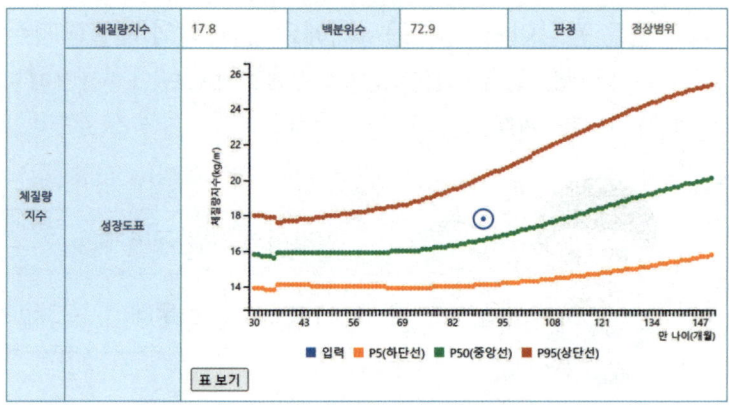

① 또래 친구들보다 마른 편이에요.
② 또래 친구들의 체질량지수보다는 값이 큰 편이에요.
③ 또래 친구들의 체질량지수는 17.8보다 값이 작아요.
④ 소아 비만이므로 식사를 조절하고 운동을 더 많이 해야 해요.

정답

1. ①번

2. ① 35 ÷ (1.4×1.4) ② 17.86

3. ②, ③

   ② 체질량지수 계산에서 키는 미터로 계산한다.
   ③ 체질량지수 값이 25 이상이면 비만으로 진단한다.

4. ①, ④

   ① 또래 평균보다 체질량지수가 큰 편이므로, 마른 편이라고 볼 수 없어요.
   ④ 정상 범위 안에 있고, 체질량지수가 25가 되지 않으므로 소아 비만이 아니에요.

04.

바코드는 어떻게 만드는 건가요?

❝ 바코드, 긴 막대의 비밀은? ❞

마트에서 계산할 때 "삑" 하는 소리를 들어 봤을 거예요. 물건에 그려진 '바코드'를 기계에 찍으면 물건의 이름과 가격이 곧바로 화면에 나타나요. 바코드는 검은색 막대기와 그 아래 작게 적힌 숫자 여러 개만으로 이뤄져 있는데, 어떻게 물건의 정보를 담을 수 있는 걸까요?

바코드에는 검은색 막대기가 여러 개 나열되어 있어요. 굵기가 서로 다른 암호 같기도 하지요. 바코드의 '바

(Bar)'는 '막대기'를 뜻해요. 그리고 '코드(code)'는 '부호'를 뜻해요. 바코드는 '막대기로 된 부호'라는 의미예요. 물건마다 바코드에 있는 막대기의 굵기와 배열이 달라요.

바코드는 1949년 미국의 조 우드랜드라는 발명가가 처음 만들었어요. 짧은 선과 점으로 문자로 만들어 신호를 보내는 '모스 부호'에서 아이디어를 얻었어요. 하지만 당시에는 바코드를 빠르게 읽는 기술이 발달하지 않아서 바로 사용하지는 못했어요. 이후 약 20년이 흘러서야 오늘날처럼 바코드를 사용할 수 있게 되었어요.

바코드를 읽을 때는 바코드 판독기를 활용해요. 바코드 판독기는 바코드를 향해 레이저 광선을 쏴요. 바코드의 흰색 부분은 빛을 대부분 반사하고, 검은색 부분은 빛을 적게 반사해요. 판독기는 빛이 어느 정도 흡수되고 반사되는지를 파악해 바코드의 흰색과 검은색을 구분해요.

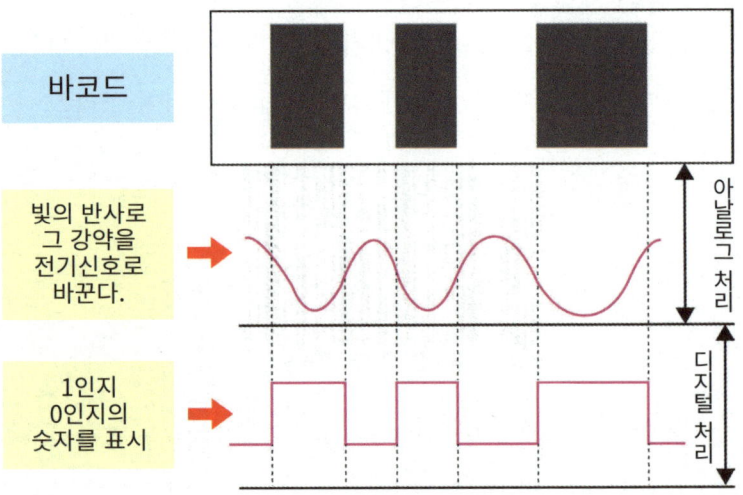

 이때 '이진법'을 활용해요. 이진법이란 0과 1의 두 숫자만으로 수를 나타내는 방법을 말해요. 바코드의 흰색 부분은 0을, 바코드의 검은색 부분은 1을 의미해요. 바코드 판독기는 흰색 부분과 검은색 부분을 구분한 후 굵기에 따라 0과 1의 숫자로 바꿔 나타내요.

교과서 속 수학 개념!

십진법과 이진법, 어떻게 다른가요?

우리가 사용하는 숫자는 0, 1, 2, 3, 4, 5, 6, 7, 8, 9로 10개예요. 10씩 묶어 10개가 되면 자릿값이 하나씩 커져요. 일, 십, 백, 천, … 과 같이 자릿값이 커질 때마다 10배씩 늘어나요.

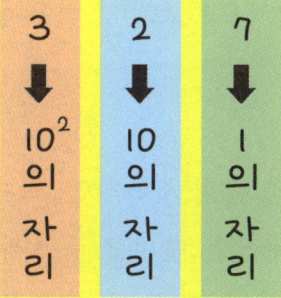

이진법은 숫자 0과 1만을 사용해요. 2개씩 묶어 2개가 되면 자릿값이 하나씩 커져요. 이진법에서는 자릿값이 커질 때마다 2배씩 늘어나요. 컴퓨터는 이진법 수 체계를 쓰기 때문에, 사람이 사용하는 십진법의 수를 모두 이진법으로 바꿔 받아들인답니다.

바코드 13개의 숫자, 어떻게 만들어질까?

바코드의 막대기 아래에는 여러 개의 숫자도 적혀 있어요. 이 숫자들은 무엇을 나타내는 걸까요?

우리나라에서 사용하는 바코드에는 13자리의 숫자로 이뤄진 '표준형 바코드'와 8자리의 숫자로 이뤄진 '단축형 바코드'가 있어요. 표준형 바코드는 일반적인 크기의 상품에 사용하고, 단축형 바코드는 크기가 작은 상품에 주로 사용해요.

우리나라에서 가장 많이 사용하는 표준형 바코드의 경우, 긴 막대기 아래에 있는 숫자들은 크게 네 부분으로 구분할 수 있어요. 맨 앞의 세 자리는 물건을 만든 나라를 나타내는 코드, 그다음 여섯 자리는 물건을 만든 업체의 정보를 나타내는 코드, 다음 세 자리는 그 물건에 대한 정보, 마지막 한 자리 숫자는 바코드의 오류를 검증하는 체크숫자로 이뤄져 있어요.

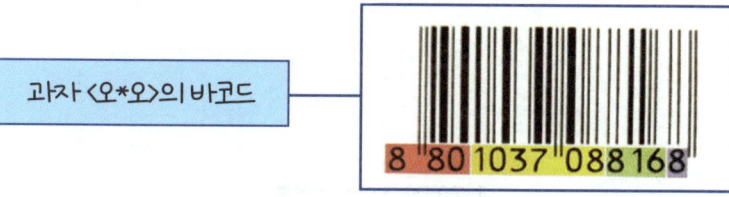

과자 <오*오>의 바코드

국가코드	업체코드	상품코드	체크숫자
880	103708	816	8
대한민국	동*식품	오*오	오류 검증

 마지막 자리의 체크숫자는 바코드 판독기가 바코드를 읽을 때 제대로 읽었는지 확인하기 위한 숫자예요. 앞에 있는 12개의 숫자를 이용해 계산한 값으로, 다음과 같은 방법으로 계산해요.

체크숫자 계산법

1단계	맨 마지막 체크숫자를 제외하고, 앞의 12개의 숫자 중에서 홀수 자리에 있는 숫자를 모두 더해요. 8+0+0+7+8+1=24
2단계	짝수 자리에 있는 숫자를 모두 더한 값에 3을 곱해요. (8+1+3+0+8+6)×3=78
3단계	1단계와 2단계에서 구한 두 수를 더한 값에 체크숫자를 더했을 때 10의 배수가 되어야 해요. 24+78+8=110 (10의 배수이므로 정상!)

생활 속 꿀팁!

바코드 숫자를 입력하면 정보를 알 수 있다!

위의 QR 코드를 찍고 바코드 숫자를 입력하면 물건을 만든 업체의 정보를 입력할 수 있어요. 단, 이때 마지막 '체크 숫자'를 제외한 12자리를 입력하세요!

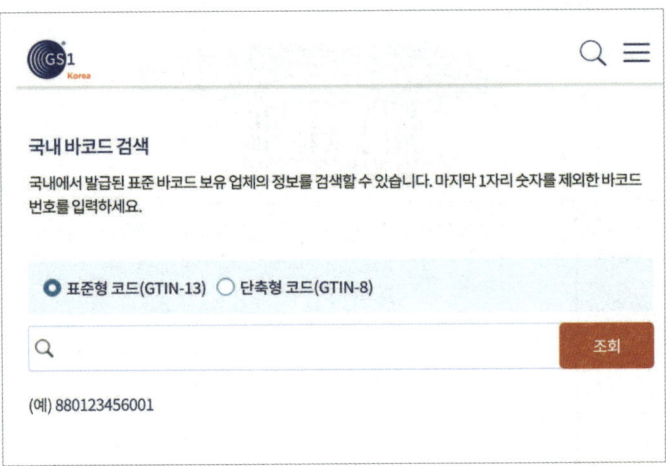

『『 책은 왜 바코드 숫자가 다를까? 』』

책에도 바코드가 있어요. 책은 다른 물건과는 달리 '국제표준도서번호(ISBN)'에 따라 바코드의 숫자가 적히지요. ISBN은 13자리로 이뤄져 있어요. 책의 바코드를 살펴볼까요?

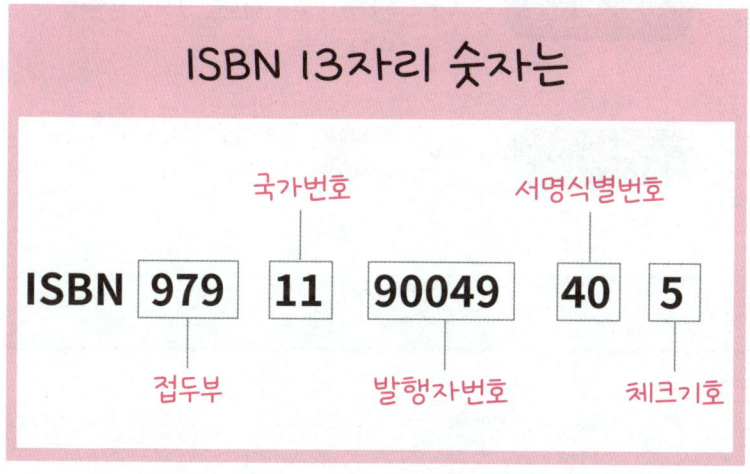

13자리 수에서 각각이 의미하는 것은 다음과 같아요.

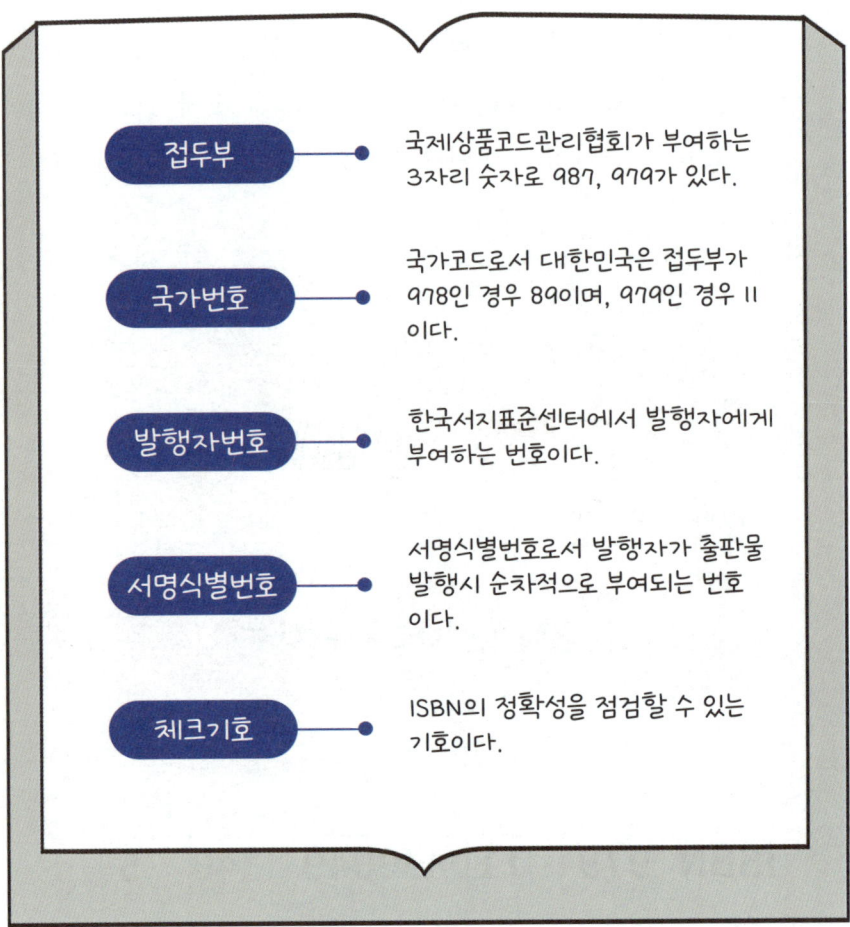

잡지처럼 정기적으로 나오는 책에는 '국제표준간행물번호(ISSN)'가 부여돼요. 8개의 숫자로 이뤄진 ISSN에서 마지막 한자리 체크기호를 뺀 7자리 숫자가 바코드에 포함되어 있어요.

바코드 덕분에 물건을 유통하고 관리하는 일이 무척 편리해졌어요. 이제 물건을 살 때 바코드의 숫자를 보면, 이 물건의 정보가 암호처럼 생긴 막대와 숫자 속에 담겨 있다는 걸 알 수 있겠죠?

> 생활 속 꿀팁!

이게 바코드라고? 디자인 바코드가 있대!

바코드는 모두 직사각형 모양이라고요? 그렇지 않아요. 검은색 막대기와 흰색 빈칸 부분만 잘 구분하면 바코드를 인식할 수 있어요. 기업에서는 제품의 특징을 살린 디자인 바코드를 만들기도 해요. 다음은 오렌지 맛이 나는 음료 회사에서 만든 병 모양 바코드예요.

수학 UP! 문해력 UP! 읽고 풀어 봐~!

1. 어떤 물건의 바코드 맨 마지막 숫자가 지워져 있어요. 체크 숫자 계산 방법을 이용해 맨 마지막 □ 안의 숫자를 맞혀 보세요.

8 801068 40226☐

1단계	홀수 자리에 있는 숫자를 모두 더해요.

□+□+□+□+□+□ = □

2단계	짝수 자리에 있는 숫자를 모두 더한 값에 3을 곱해요.

(□+□+□+□+□+□)×3 = □

3단계	1단계와 2단계에서 구한 두 수를 더해요. 그 값에 체크숫자를 더했을 때 10의 배수가 되어야 해요.

□+□+체크숫자□ = □(10의 배수)

2. 마트에서 사 온 물건의 바코드 숫자만을 나타낸 것이에요. 대한상공회의소 유통물류진흥원에 접속해 바코드 숫자를 입력하면 물건을 만든 업체의 정보를 알 수 있어요. 바코드와 물건을 연결해 보세요.
(단, 바코드 마지막 체크숫자를 제외한 12자리를 입력하세요.)

8801051236200 • •

8801207600220 • •

8801800011010 • •

정답

1. 체크숫자는 1이다.
   1단계 8+0+0+8+0+2=18
   2단계 (8+1+6+4+2+6)×3=81
   3단계 18+81+□가 10의 배수가 되어야 하므로, 체크숫자 □는 1이다.

2.

바코드	업체이름	물건
8801800011010	(주)지구화학	색연필
8801207600220	롯데웰푸드(주)	우유
8801051236200	(주)엘지생활건강	키즈 칫솔

05. 시력이 1.0이라는 건 무슨 뜻인가요?

❝ 시력검사표에 왜 C 모양이 있을까? ❞

시력검사표에는 다양한 크기의 숫자들과 그림, 그리고 알파벳 'C' 모양의 고리가 있어요. 왜 하필 알파벳 C를 닮은 고리가 있는 걸까요?

1888년 프랑스의 안과 의사였던 에드먼드 란돌트가 시력검사를 할 때 한쪽이 끊어져 있는 원 모양의 고리를 사용하자고 제안했어요. 고리의 위, 아래, 오른쪽, 왼쪽 중 어느 방향이 끊어져 있는지를 먼 거리에서도 알아볼 수 있는

지에 따라 시력을 측정하는 거예요. 글자나 숫자를 모르는 사람도 쉽게 읽을 수 있어요.

이 고리는 에드먼드 란돌트의 이름을 따서 '란돌트 고리'라고 불리게 되었어요. 1909년 전 세계 안과 의사들이 모인 자리에서 인정받으면서 여러 나라에서 사용하게 되었어요.

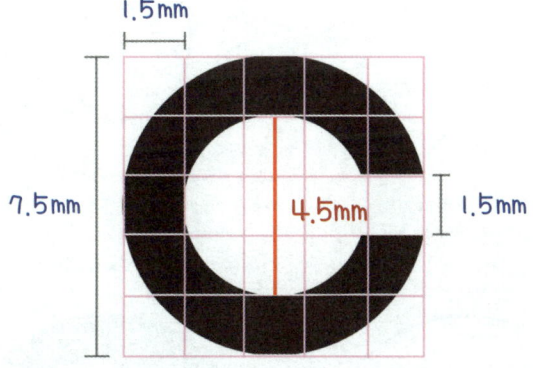

란돌트 고리는 정확한 규칙에 따라 만들어져요. 지름이 7.5mm인 원을 먼저 그리고, 그 안에 지름이 4.5mm인 원을 그려요. 두 원의 중심은 같아야 하지요. 그런 다음, 원의 한쪽 끝을 한 변이 1.5mm인 정사각형만큼 지우면 란돌트 고리가 완성돼요. 즉, 란돌트 고리에서 끊어진 부분의 길이는 바깥쪽 원의 지름의 $\frac{1}{5}$이에요.

생활 속 꿀팁!

란돌트 고리를 그려 봐~!

원래의 란돌트 고리는 지름이 7.5mm(=0.75cm)예요. 너무 작아서 그리기 힘드니까, 10배 큰 란돌트 고리를 그려 봐요.

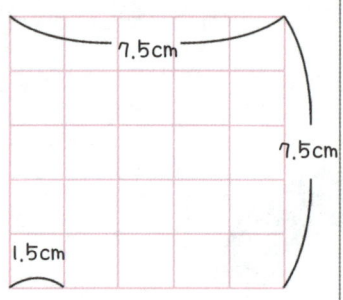

연필로 가로와 세로가 각각 7.5cm인 정사각형을 그린 다음, 한 칸이 1.5cm가 되도록 선을 그려요.

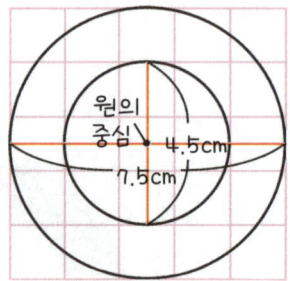

지름이 7.5cm인 원을 그리고, 원의 중심을 맞춰 그 안에 지름이 4.5cm인 원을 그려요. 고리의 두께가 1.5cm가 되어야 해요.

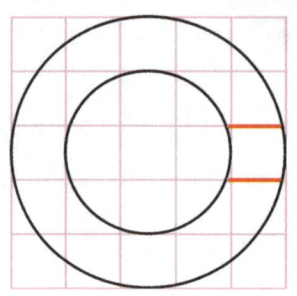

고리의 끊어진 부분의 길이가 네모 한 칸 크기가 되도록 선을 그려요.

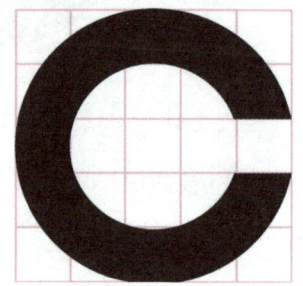

선으로 그은 곳을 뺀 나머지를 검은색으로 색칠해요. 연필로 그린 선을 지우면 란돌트 고리 완성!

〝 시력 1.0의 비밀은? 〞

'시력'은 두 개의 점이 가까이 있을 때 이것을 두 개라고 정확하게 판단하는 능력을 말해요. 5m 거리에서 1.5mm 간격을 구분할 수 있을 때, 시력을 1.0이라고 하지요. 그런데 시력을 나타내는 소수는 어떤 원리로 계산할까요?

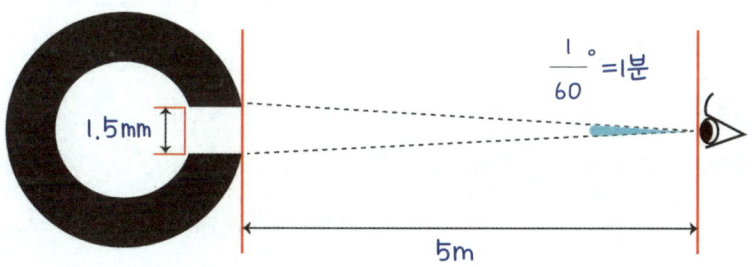

서로 다른 두 점과 눈의 중심이 만드는 각도를 '시각'이라고 해요. 5m 거리에서 란돌트 고리의 끊어진 두 부분과 눈의 중심이 이루는 시각은 약 $\frac{1}{60}°$예요. $\frac{1}{60}°$는 '1분'이라고도 부르지요.

시력은 $\frac{1}{시각(분)}$로 계산해요. 5m 거리에서 1.5mm 간격을 구분할 수 있을 때, 시각이 1분이므로 시력은 $\frac{1}{1}=1$ 이 돼요.

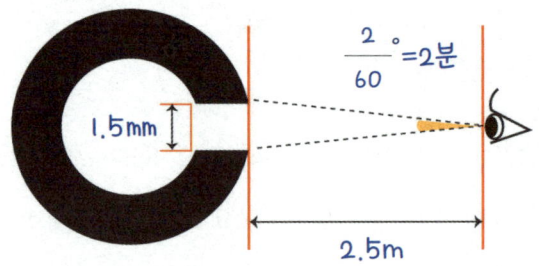

그런데 만약 5m 거리에서 1.5mm 간격이 구분되지 않아서, 2.5m 거리까지 가까이 다가가야 한다면 어떻게 될까요? 눈과 란돌트 고리가 이루는 시각이 2분($\frac{2}{60}°$)으로 넓어지게 돼요. 이 경우 시력은 $\frac{1}{2}$이 되므로 0.5와 같아요. 즉, 2.5m 거리에서 1.5mm 간격을 구분할 수 있는 시력이 0.5인 것이지요. 같은 방법으로, 5m 거리의 2배인 10m 거리에서도 1.5mm 간격을 구분할 수 있다면 그때의 시력은 2.0이에요.

거리를 다르게 하지 않고, 란돌트 고리의 크기를 다르게 하면서 시력을 확인할 수도 있어요. 5m 거리에서 1.5mm보다 두 배 큰 3mm의 간격을 구분할 수 있다면 이때 시력은 0.5가 되지요. 더 큰 간격이나 더 가까운 거리일 때만 끊어진 부분을 구분할 수 있다면 시력이 낮은 것이에요. 반대로 더 작은 간격이나 더 먼 거리일 때도 구분할 수 있다면 시력이 높은 것이지요. 소수의 값이 클수록 시력이 좋다는 것을 뜻해요.

> 생활 속 꿀팁!

시력검사표에 숫자, 그림이 있는 이유는?

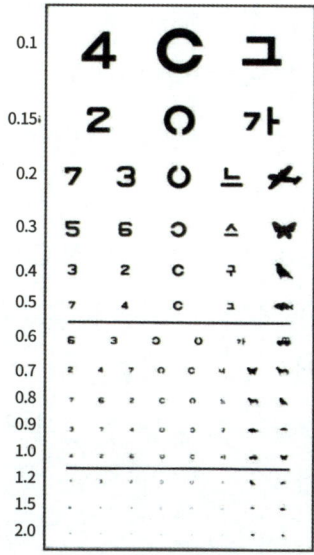

시력검사표에는 란돌트 고리 말고도 한글이나 숫자, 그림 등 다양한 그림이나 문자가 있어요. 그 이유는 란돌트 고리를 구분하는 것만으로는 시력을 정확하게 측정할 수 없기 때문이에요. 시력검사표에 어떤 그림이 있는지 확인해 보세요.

❝ '마이너스' 시력, 정말 있을까? ❞

"시력이 어떻게 되나요?"라는 질문을 할 때, 어떤 대답을 하나요? "시력이 좋은 편이에요."라고 하기도 하고, 시력이 아주 좋지 않을 경우에는 "내 시력은 마이너스(-)야."라고 대답하기도 해요. 시력이 0보다 작은 마이너스 값이 될 수 있을까요?

앞에서 소개한 시력을 계산하는 방법을 생각해 봐요. 시력검사표에서 맨 위에 있는 큰 글씨와 그림 옆에는 0.1이라는 수가 쓰여 있어요. 그 글씨를 읽을 수 있는 시력이라면 0.1인 것이고, 그 글씨를 읽을 수 없다면 마이너스인 걸까요? 그렇지 않아요.

0.1에 표시된 글씨나 그림을 읽을 수 없더라도 0에 가까운 0.1보다 작은 값이지, 마이너스 값이 되지는 않아요. 시력이 없는 상태를 0으로 보기 때문에 애초에 마이너스 시력이란 없는 거예요.

그럼 시력을 표현할 때 "내 시력은 마이너스야."라는 말은 왜 생긴 걸까요? 그건 안경을 처방할 때 렌즈 앞에 쓰여 있는 숫자 앞에 마이너스(-)가 표시된 것을 보고 시력이라고 오해했을 가능성이 커요.

안경 처방전에 적힌 숫자 앞에 마이너스가 있다면 '근시가 있는 사람을 위한 렌즈'라는 뜻이에요. 근시란, 가까운 것은 잘 보이지만 멀리 있는 것은 잘 보지 못하는 상태를 말해요. 반면 숫자 앞에 플러스(+)가 적혀 있다면, 먼 것은 잘 보지만 가까이 있는 것을 잘 보지 못하는 '원시'를 교정하는 렌즈라는 의미예요. 근시가 있을 경우 오목렌즈를 사용하고, 원시가 있을 경우에는 볼록렌즈를 사용해요.

올바른 시력의 단위는 'D(디옵터)'예요. 디옵터는 렌즈가 굴절된 정도를 나타내요. 렌즈의 초점거리를 미터로 표시한 수의 역수를 나타내요. 만약 시력이 '-3.75D'라면 앞에 첫째로는 마이너스가 있으니까 오목렌즈를 사용해야 하는 근시라는 뜻이에요. 두 번째로는 오목렌즈를 3.75만큼 굴절량을 교정하면 선명하게 볼 수 있다는 뜻이랍니다.

자신의 시력이 궁금할 때는 "제 시력이 마이너스인가요?"라고 묻지 말고, "제 시력이 몇 디옵터인가요?"라고 묻는 게 정확하다는 걸 꼭 기억하세요.

교과서 속 수학 개념!

중학 1 ∶ 정수와 유리수

'O'은 자연수일까? 아닐까?

1, 2, 3, 4, 5, … 와 같이 1부터 시작해서 1씩 커지는 수를 '자연수'라고 해요. 그럼 '0'도 자연수일까요? 0은 자연수에는 포함되지 않아요.

자연수를 또 다른 말로 하면 '양의 정수'라고 해요. 그리고 자연수에 마이너스가 붙은 -1, -2, -3, -4, …와 같은 수를 '음의 정수'라고 하지요. 양의 정수와 음의 정수, 그리고 0을 합한 수를 '정수'라고 해요.
정수는 자연수를 포함하는 더 큰 수의 범위라고 볼 수 있지요.

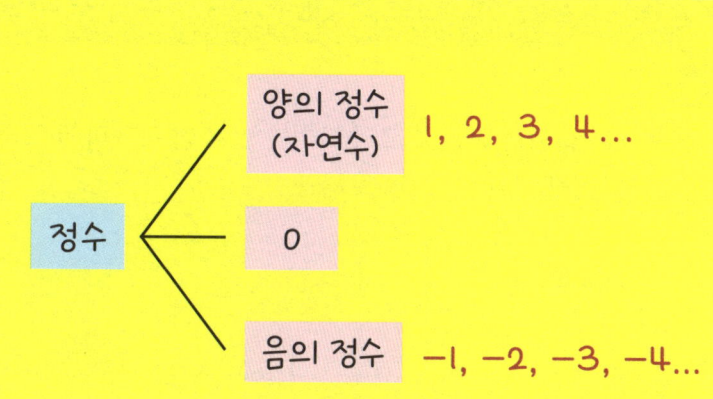

온도를 나타낼 때 0°C보다 더 차가울 때 마이너스를 사용해 온도를 나타내요. 영하 5도를 마이너스(−) 기호를 사용해 −5도라고 표현한답니다. 생활에서 또 마이너스 기호가 있는 음수가 어디에 또 있는지 찾아보세요.

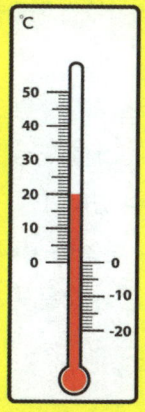

수학 UP! 문해력 UP! 읽고 풀어 봐~!

1. 본문에서 설명한 란돌트 고리 그리는 법을 참고해 아래 모눈 종이에 란돌트 고리를 그려 보세요.

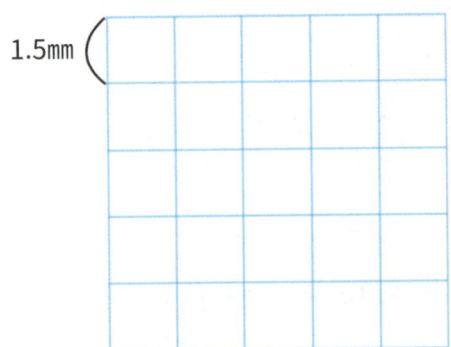

2. 란돌트 고리에 대한 설명으로 맞으면 O, 틀리면 X를 하세요.
   ① 1888년 프랑스의 안과 의사였던 에드먼드 란돌트란 사람이 시력 검사를 위해 제안했다. (   )
   ② 란돌트 고리는 간격은 원의 지름의 $\frac{1}{10}$ 이다. (   )
   ③ 란돌트 고리는 글자나 숫자를 모르는 사람도 간격을 구분하는 것으로 시력을 확인할 수 있다. (   )
   ④ 원의 지름이 15㎜라면, 란돌트 고리의 간격은 3㎜이다. (   )
   ⑤ 란돌트 고리의 간격은 항상 오른쪽에 있어야 한다. (   )

3. 거리가 5m 떨어진 곳에서 란돌트 고리의 1.5㎜ 간격을 구분할 수 있을 때의 시력을 1.0이라고 해요. 만약 5m의 거리에서는 란돌트 고리의 간격을 구분할 수 없고, 2.5m로 거리를 줄였을 때 간격을 구분할 수 있다면 시력은 얼마인가요? 시력을 계산하는 식을 이용해 구해보세요.

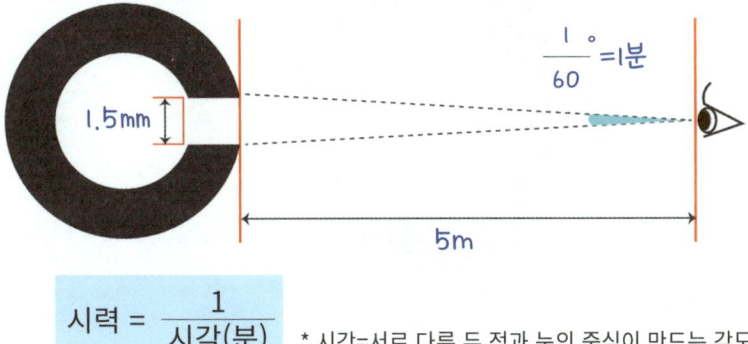

$$시력 = \frac{1}{시각(분)}$$ * 시각=서로 다른 두 점과 눈의 중심이 만드는 각도

4. 시력검사를 했더니 시력이 다음과 같이 측정되었어요. 이 사람의 시력에 대해 잘못된 설명을 고르세요.

$$-3.75D$$

① 가까운 것은 잘 보이지만, 멀리 있는 것은 잘 보이지 않는다.
② 안경은 오목렌즈를 사용해야 한다.
③ 오목렌즈를 3.75만큼 굴절량을 교정하면 선명하게 볼 수 있다.
④ D는 시력을 표현하는 단위인 '디옵터'의 앞 글자이다.
⑤ 시력이 마이너스이므로 시력이 0인 경우보다 더 보이지 않는다는 뜻이다.

정답

1.
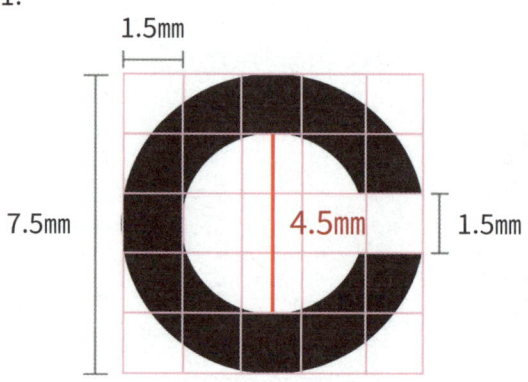

2. ① ○, ② ×, ③ ○, ④ ○, ⑤ ×

3. 거리를 2.5m로 줄이면 시각이 2분으로 넓어지므로, 시력은 $\frac{1}{2}$, 즉 0.5이다.

4. ⑤

06. 알찬 하루 계획표를 만드는 비결은?

원을 똑같이 24칸으로 나누려면?

하루 24시간은 누구에게나 주어진 똑같은 시간이에요. 어떤 사람은 부지런하고 알찬 하루를 보내기도 하고, 어떤 사람은 시간을 소중하게 여기지 않고 게으름을 피우며 보내기도 해요.

알찬 하루를 보내기 위해 '생활 계획표'를 만드는 걸 추천해요. 하루 24시간 동안 해야 할 일을 시간에 따라 정리해 두고, 지키려고 노력하는 거예요. 동그란 원을 이용해 하루 생활 계획표를 만들어 봐요. 먼저 원을 24칸으로 똑같이 나눠 볼까요?

시계는 같은 간격으로 나뉜 12칸으로 이뤄져 있어요. 원의 중심각은 360°이므로, 시계에서 한 칸의 각도는 $\frac{360°}{12}$의 값인 30°예요. 시계에서 한 칸은 1시간을 의미하므로, '시'를 나타내는 짧은 바늘이 1시간 동안 움직이는 각도가 바로 30°인 거예요.

◆ 하루 : 24시간

◆ 원의 중심각 : 360°

◆ 시계에서 1칸의 각도
→ 360 ÷ 12 = 30°

짧은 바늘이 한 바퀴인 360°를 돌면 12시간이 지나는데, 하루는 24시간이므로 짧은 바늘은 하루 두 바퀴를 돌아요. 처음 한 바퀴를 도는 밤 12시에서 낮 12시까지를 '오전', 그다음 한 바퀴를 도는 낮 12시에서 밤 12시까지를 '오후'라고 해요. 오후 1시부터 밤 12시까지는 13~24시로 나타내기도 하지요.

생활 계획표에서는 시계와 달리 시곗바늘이 없어서 12칸으로 나누면 나머지 12시간에 대한 계획을 채워 넣을 수가 없어요. 그래서 생활 계획표를 그리려면 원을 12칸이 아닌 24칸으로 나눠야 해요. 시계처럼 12칸으로 나눠 원을 그린 뒤, 각 칸을 $\frac{1}{2}$씩 나누면 24칸이 돼요.

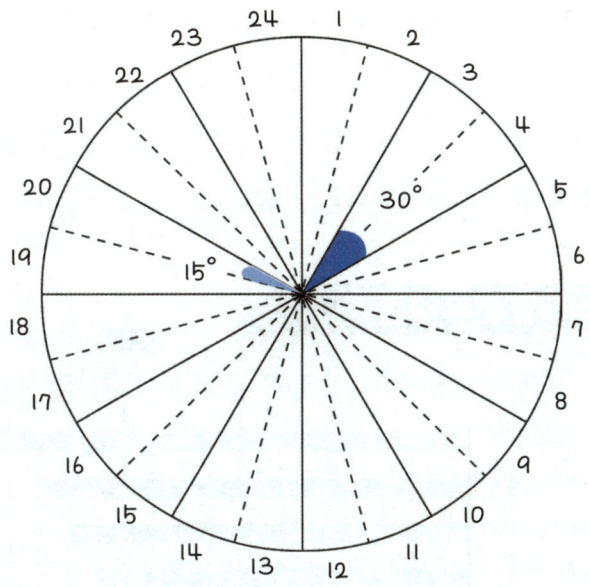

24칸으로 나눈 생활 계획표에서 한 칸의 각도는 15°예요. 컴퍼스로 원을 그리고, 한 칸이 15°가 되도록 24칸으로 나눈 생활 계획표를 만들면 돼요.

> **하루의 잠자는 시간, 몇 시간이면 될까?**

생활 계획표에서 가장 많은 시간을 차지하는 것은 '잠을 자는 시간'이에요. 하루 24시간 중의 몇 시간을 자는 것이 좋을까요?

미국수면재단(NFS)에서는 나이에 따라 적정 수면 시간을 다음과 같이 제안하고 있어요. 6~13세의 어린이의 경우 최소 9시간을, 14~17세 청소년의 경우 최소 8시간은 잠을 자는 것이 좋다고 권장하고 있어요.

어린이와 청소년에게 권장하는 최소한의 수면 시간을 각각 분수로 나타내려면 어떻게 계산해야 할까요?

하루 전체는 24시간이므로, 1시간은 전체의 $\frac{1}{24}$이에요. 어린이에게 권장하는 최소한의 수면 시간은 9시간이고, 청소년의 최소 수면 시간은 8시간이므로 계산해 보면 다음과 같아요.

◆ 어린이의 수면 시간 = $9 \times \frac{1}{24} = \frac{3}{8}$

◆ 청소년의 수면 시간 = $8 \times \frac{1}{24} = \frac{1}{3}$

어린이를 기준으로 생활 계획표를 만든다면 하루 9시간, 즉 $\frac{3}{8}$만큼 잠을 자는 시간으로 정해요. 그다음 밥을 먹고 쉬는 시간으로 각각 2시간씩, 총 6시간이 필요해요. 분수로 표현하면 하루의 $\frac{2}{8}$시간이 필요하지요. 나머지 $\frac{3}{8}$시간에는 공부와 독서, 운동, 취미 활동을 할 수 있어요.

생활 계획표

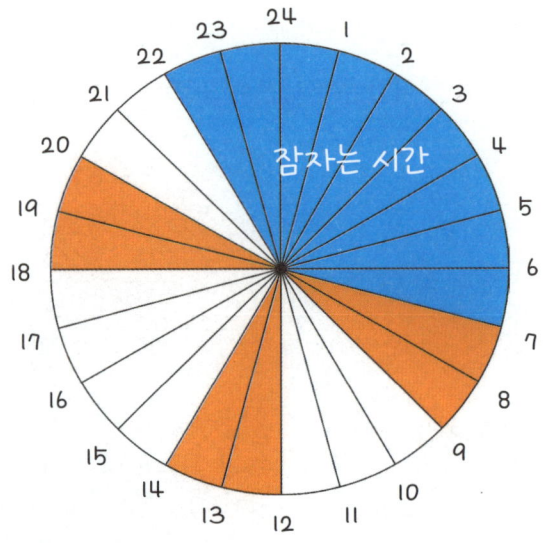

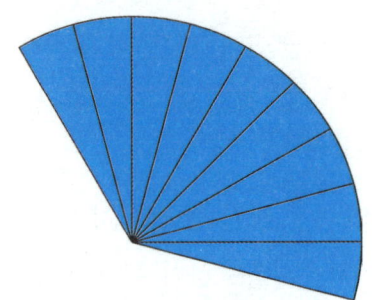

잠자는 시간 : 하루의 $\frac{3}{8}$

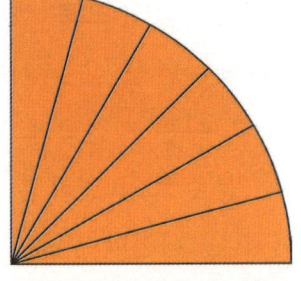

식사와 쉬는 시간 : 하루의 $\frac{2}{8}$

"공부, 운동, 취미는 똑같이 $\frac{1}{3}$ 만큼!"

잠자는 시간은 전체의 $\frac{3}{8}$ 으로, 식사와 쉬는 시간은 전체의 $\frac{2}{8}$ 로 정했어요. 주어진 전체 시간 중에서 얼마만큼을 사용할지 분수로 나타내 보면 각각의 활동이 차지하는 비중을 한눈에 알 수 있어요.

공부, 운동, 취미는 모두 중요하니까 똑같이 $\frac{1}{3}$ 씩 나눠 쓰려고 해요. 9시간 중 $\frac{1}{3}$ 은 3시간이에요.

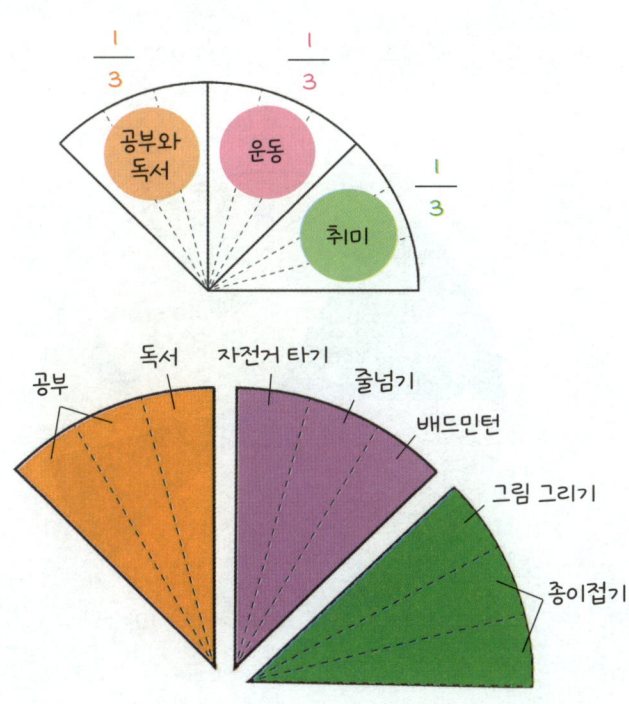

이제 몇 시에 어떤 활동을 할 건지 정해요. 표에 순서대로 정리한 다음, 24칸으로 나뉜 생활 계획표에 시간 순서대로 넣으면 돼요.

07:00	세면 및 아침 식사	15:00	숙제와 예습
08:00	휴식	16:00	줄넘기
09:00	자전거 타기	17:00	배드민턴
10:00	독서	18:00	저녁 식사
11:00	그림 그리기	19:00	휴식 및 샤워
12:00	점심 식사	20:00	종이접기
13:00	휴식	21:00	종이접기
14:00	숙제와 예습	22:00	꿈나라

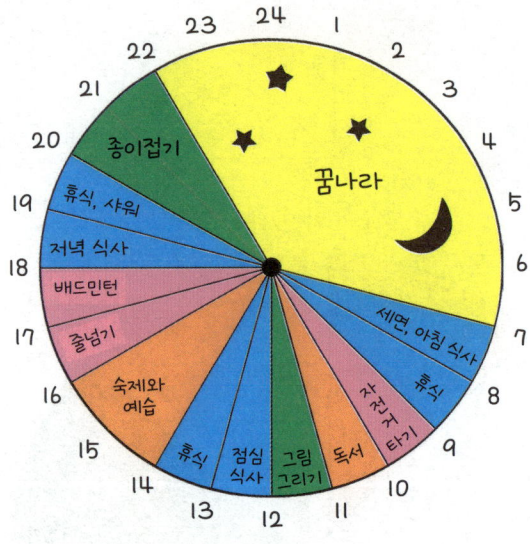

교과서 속 수학 개념!

1분, 1초를 분수로 나타내면?

하루는 24시간이므로, 1시간은 하루의 $\frac{1}{24}$ 이에요.

1분과 1초를 각각 어떻게 분수로 표현할 수 있을까요?

1분은 $\frac{1}{60}$ 시간이고, 1시간은 하루의 $\frac{1}{24}$ 이므로,

1분은 하루의 $\frac{1}{60} \times \frac{1}{24} = \frac{1}{1440}$ 이에요.

또, 1초는 1분의 $\frac{1}{60}$ 이에요.

따라서 1초는 하루의

$\frac{1}{60} \times \frac{1}{60} \times \frac{1}{24} = \frac{1}{6400}$ 이에요.

초5 :: 분수의 곱셈

수학 UP! 문해력 UP! 읽고 풀어 봐~!

1. 하루 24시간 중 얼마만큼을 각각의 시간에 쓸지 다음과 같은 표로 정리했어요. 각각의 시간이 하루 중 몇 시간에 해당하는지 분수로 나타내 보세요. 약분되는 분수가 있다면, 약분한 값을 적어 보세요.

잠자는 시간	식사	학습독서	취미와 운동	놀이	기타
10시간	3시간	4시간	3시간	3시간	1시간
$\frac{\square}{\square}$	$\frac{\square}{\square}$	$\frac{\square}{\square}$	$\frac{\square}{\square}$	$\frac{\square}{\square}$	$\frac{\square}{\square}$

2. 24시간인 하루를 전체 1로 생각했을 때, 다음 분수로 나타낸 시간 중 3시간보다 많고 6시간보다 적은 시간을 모두 골라 보세요.

$\frac{1}{12}$	$\frac{1}{4}$	$\frac{2}{3}$	$\frac{1}{5}$
$\frac{2}{5}$	$\frac{3}{8}$	$\frac{1}{3}$	$\frac{3}{4}$
$\frac{1}{10}$	$\frac{5}{24}$	$\frac{1}{12}$	$\frac{5}{12}$

3. 왼쪽의 표를 토대로 생활 계획표를 만들어 보세요. 종류가 같은 칸끼리 같은 색으로 색칠해 보세요.

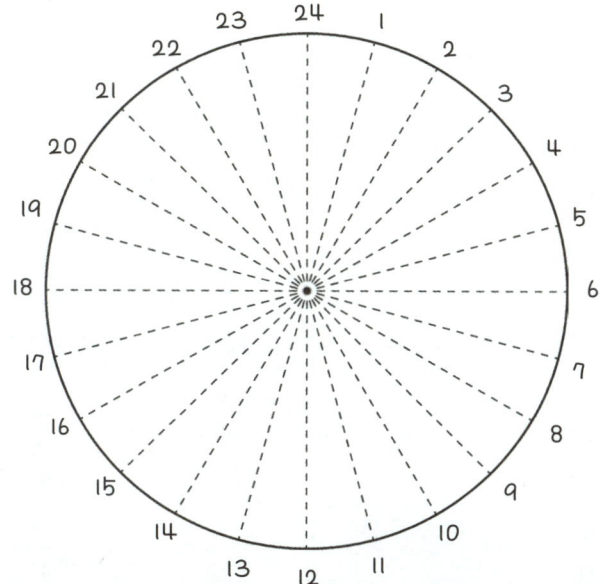

4. 다음 빈칸에 알맞은 수를 쓰세요.

> 어린이와 권장하는 최소한의 수면 시간은 9시간이고, 청소년에게 권장하는 최소한의 수면 시간은 8시간이에요. 하루는 24시간이므로 각각의 시간을 분수로 나타내면, 어린이의 최소 수면 시간은 하루의 $\frac{\square}{\square}$ 이고, 청소년의 최소 수면 시간은 $\frac{\square}{\square}$ 이에요.

정답

1. $\frac{5}{12}$, $\frac{1}{8}$, $\frac{1}{6}$, $\frac{1}{8}$, $\frac{1}{8}$, $\frac{1}{24}$

2. 표에 나타낸 분수를 시간으로 바꾸면 다음과 같아요. 따라서 3시간보다 많고 6시간보다 적은 시간은 $\frac{1}{5}$, $\frac{1}{24}$ 예요.

$\frac{1}{12}$ = 2시간	$\frac{1}{4}$ = 6시간	$\frac{2}{3}$ = 16시간	$\frac{1}{5}$ = 4시간 48분
$\frac{2}{5}$ = 9시간 36분	$\frac{3}{8}$ = 9시간	$\frac{1}{3}$ = 8시간	$\frac{3}{4}$ = 18시간
$\frac{1}{10}$ = 2시간 24분	$\frac{5}{24}$ = 5시간	$\frac{1}{12}$ = 2시간	$\frac{5}{12}$ = 10시간

3. 1번 표를 토대로 각각에 해당하는 칸의 수가 맞도록 생활 계획표를 완성해 보세요.

4. $\frac{3}{8}$, $\frac{1}{3}$

07. 비행기 표 가격은 왜 계속 바뀌나요?

💬 비행기 표 가격이 껑충! 그 이유는?

최근 몇 년 사이, 비행기 표 가격이 껑충 올랐어요. 다음은 뉴스 기사 일부를 발췌한 것이에요.

> 항공권 가격이 끝을 알 수 없을 정도로 '고공행진'하고 있다. 코로나 대유행이 끝나며 여객 수요는 폭증했지만, 대폭 축소된 항공 업계의 운송 능력은 회복되지 못하고 있어서다. 여기에 치솟는 물가와 유가도 항공료 상승을 더 부추기고 있다. 당분간 항공권 상승세는 꺾이지 않을 것이라는 관측이다…(생략)
>
> — 2023년 8월 23일 뉴시스 뉴스의 일부 발췌

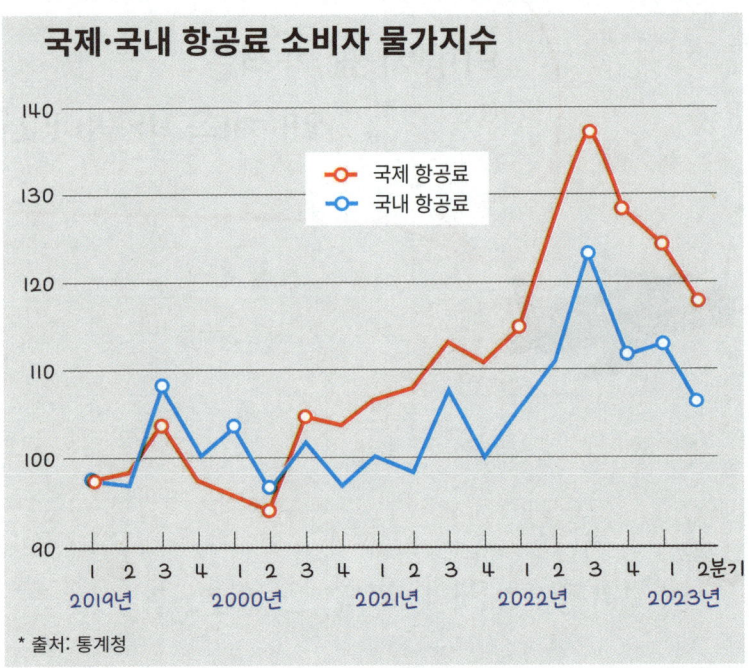

*출처: 통계청

　코로나19로 전 세계 항공사에서 운항하는 비행기의 수가 확 줄어들었다가, 2022년 코로나 종식 이후 해외여행을 가는 사람들의 수는 급격하게 늘었지만, 항공기의 공급이 충분하지 않기 때문이에요. 게다가 원유의 값이 크게 오른 것도 비행기 표 가격 상승에 영향을 주었지요. 비행기를 꼭 타고 싶은 사람은 가격이 비싸더라도 비행기 표를 사고 싶어요. 물건의 개수는 정해져 있는데 물건을 갖고 싶은 사람이 많으면 물건의 값은 올라가기 마련이에요.

> 생활 속 꿀팁!

물건의 가격, 어떻게 결정될까?

시장에서 물건의 가격은 수요와 공급에 의해 결정돼요. 여기서 수요란 물건을 사고 싶어 하는 양을 뜻하고, 공급은 물건을 만드는 양을 뜻해요. 물건의 양은 적은데, 사고 싶어 하는 사람들이 많으면 물건의 가격은 올라가요. 반대로 물건의 양은 많은데, 사고 싶어 하는 사람이 적으면 가격은 내려가요.

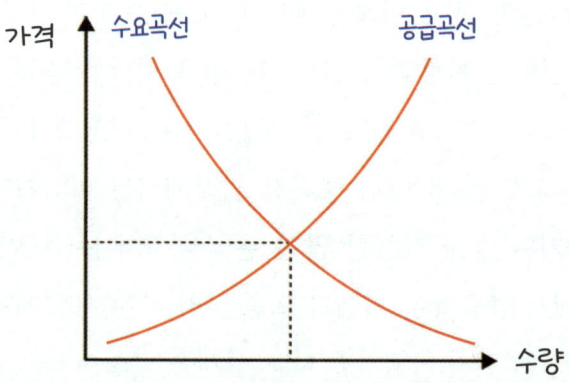

비행기 티켓의 가격이 비싼 것은 그 시기에 티켓을 사고 싶은 사람이 많다는 뜻이에요. 반대로 비행기 티켓의 가격이 싸다는 것은 그 시기에 티켓을 사고 싶은 사람이 적다는 뜻이에요.

❝ 100개의 좌석에 100개의 가격이 있다고? ❞

"인천에서 파리까지 가는 비행기 표는 얼마인가요?" 이 질문에 한마디로 답을 할 수 있는 사람은 아마 없을 거예요. 항공사에서 일하는 사람들도 "비행기에 100개의 좌석이 있다면, 100개의 비행기 표 가격이 모두 다르다."라고 말하지요. 왜 비행기 표 가격은 제각각일까요?

비행기는 한 번 날아오를 때마다 기름을 써야 하고, 비행기를 운전하는 기장과 손님의 안전을 확인하는 승무원이 일해야 해요. 비행기를 탄 손님이 많든 적든 비행기가 뜰 때마다 비용이 드는 거예요. 항공사 입장에서는 비행기에 빈자리가 생기지 않게 가능한 많은 손님을 태우는 게 이익이지요. 그래서 항공사는 비행기 표를 미리 사는 사람에게는 가격을 할인해 줘서 비행기를 타고 싶게끔 만들어요.

예를 들어 12월에 출발하는 비행기 표가 있다고 할 때, 항공사는 약 4개월 전인 8월쯤에 할인된 가격으로 표를 팔아요. 만약 100개의 좌석이 있다면 전체 좌석의 약

10~20%인 10~20개의 자리를 가장 싸게 파는 거예요. 단, 이때 판매하는 표는 가격이 저렴한 대신 날짜를 바꾸거나 취소하기가 어려워요.

12월 24일 출발하는 비행기 표의 가격

8월

S	M	T	W	T	F	S
14	15	16	17	18	19	20
20	22	23	(24)	25	26	27
28	29	30				

가장 저렴해요!

12월

S	M	T	W	T	F	S
					가장 비싸요!	
11	12	13	14	15	16	(17)
18	19	20	21	22	23	24
25	26	27	28	29	30	31

마지막 할인!   출발

출발 날짜가 다가오면 가격은 조금씩 올라가고, 일주일 전에는 가장 비싼 가격에 비행기 표를 팔아요. 그런데 출발 날짜가 바로 며칠 뒤로 다가왔는데도 아직 팔리지 않은 자리가 있다면, 항공사는 남은 자리를 다시 싼 값에 내놓기도 해요.

생활 속 꿀팁!

탑승권에 적힌 알파벳의 뜻은?

비행기 표는 크게 3가지 종류의 좌석으로 나뉘어요. 이코노미석, 비즈니스석, 일등석(퍼스트 클래스석) 순으로 좌석의 등급이 높아질수록 자리가 넓고 손님이 받는 서비스도 많아져요.

그런데 같은 등급의 좌석이더라도 손님이 비행기 표를 얼마에 샀는지에 따라 예약 코드가 다르게 매겨져요. 예약 코드는 탑승권에 알파벳으로 적히지요. 우리나라 항공사인 대한항공의 경우, 같은 이코노미석이라도 16단계로 나누어 W, Y, B, M, S, H, E, K, L, U, G, Q, N, T, V, X로 예약 코드를 표시해요.

가장 비싼 Y등급의 표를 구매한 손님은 마일리지가 적립되지만, 항공사 직원의 가족에게 매우 저렴하게 제공된 표인 X 등급을 사면 마일리지를 적립할 수 없어요.

W	비즈니스석과 이코노미석의 중간인 프리미엄 이코노미석을 뜻해요.
Y	이코노미석 중 할인이 없는 가장 비싼 좌석이에요.
G	단체로 예약한 승객을 나타내요.
X	마일리지로 항공권을 구매했거나, 항공사 직원의 가족에게 제공된 표를 뜻해요.

"비행기 표, 싸게 사는 방법이 있을까?"

같은 비행기를 타더라도 조건에 따라 가격이 천차만별이에요. 비행기 표를 싸게 사는 몇 가지의 방법이 있어요.

방법 1 - 출발 날짜 **16주 전**에 예약하세요!

1년 중 가장 여행을 많이 떠나는 7, 8월 항공권 예약은 약 4개월 전인 16주 전에 가장 많이 이뤄진다고 해요. 여행을 위해 미리 항공권을 예약하면 유리한데, 16주 전이 가장 저렴하게 살 수 있는 시기라고 해요. 평균적으로 약 12% 저렴하게 항공권을 살 수 있고, 만약 16주 전에 예약하지 못했다면 2달 전도 괜찮아요. 8주 전부터는 항공권의 가격이 가파르게 비싸진다고 해요.

방법 2 - **화요일 출발**하고 **목요일 도착**하자!

비슷한 시기에 같은 목적지로 가는 비행기라도 출발하는 요일에 따라 가격이 달라지기도 해요. 보통 화요일에 출발하고 목요일에 돌아오는 일정의 비행기 표의 가격이 가장 낮아요.

그다음으로는 수요일에 출발해서 그 이후 수요일에 도착하는 표, 월요일에 출발해서 목요일에 돌아오는 비행기 표가 저렴한 편이에요.

같은 평일이더라도 금요일에 출발하는 비행기 표는 구입하는 사람이 많기 때문에 가격이 비싼 편이고, 일요일 오후에 돌아오는 비행기 표도 가격이 비싼 편이에요. 사람들이 잘 이동하지 않는 요일에 비행기를 이용하는 것이 비행기 표를 싸게 사는 방법이에요.

방법 3 - 예약은 **일요일**에 하세요!

비행기 표를 구매하는 요일에 따라서도 가격이 조금씩 달라요. 표가 가장 비싼 요일은 금요일이에요. 한 주를 마무리한 후 여행을 떠나고 싶은 마음이 생겨서 표를 사려는 사람이 많기 때문이에요.

반면 비행기 표를 가장 싸게 살 수 있는 요일은 일요일이에요. 많게는 30%까지 저렴한 가격으로 살 수 있어요. 원래는 10만 원이었던 표를 7만 원에 살 수 있는 거예요.

> 생활 속 꿀팁!

전 세계 항공권을 검색할 수 있다고?!

전 세계 항공사는 몇 개나 될까? 대형 항공사가 387개, 저가 항공사가 174개로 500개가 넘는 항공사가 있어요. 해외여행을 갈 때 도착 도시에 한 번에 가는 때도 있지만, 다른 도시를 들러서 가는 경유 여행도 있어요. 해외여행을 갈 때 비행기 표를 살 수 있는 방법은 무척 여러 가지가 있다는 뜻이에요.

이렇게 많은 경우를 일일이 다 직접 따지긴 어려울 것 같지만, 사이트 검색을 이용하면 결과를 쉽게 알 수 있어요. '스카이스캐너'에서 여행하고 싶은 날짜와 나라, 도시를 입력하면 해당 항공사와 가격을 알 수 있어요. 똑같은 비행기 티켓이더라도 가격 차이가 크기 때문에 부지런할수록 저렴한 티켓을 살 수 있다는 걸 알아 두면 좋겠죠?

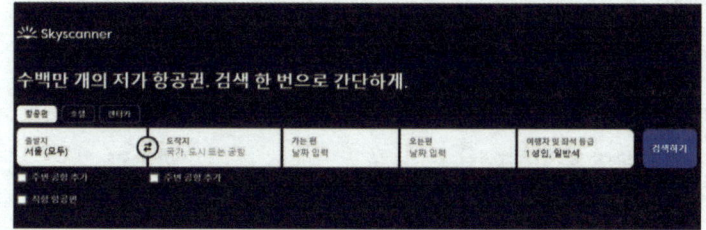

* https://www.skyscanner.co.kr 캡쳐

수학 UP! 문해력 UP! 읽고 풀어 봐~!

1. 해외여행을 준비하는 사람들이 있어요. 각자의 조건에 따라 항공권을 사려고 해요. 각 사람에게 맞는 항공권을 찾아 연결해 보세요.

① 다음 주 금요일에 아버지가 베이징으로 해외 출장을 가신대요. • • ㉠ 가격이 저렴한 저가 항공이거나, 경유를 하는 항공권

② 대학생 누나가 겨울 방학에 유럽 배낭여행을 가려고 해요. • • ㉡ 가격은 비싸지만, 서비스가 좋고 원하는 날짜에 갈 수 있는 비즈니스 항공권

③ 부모님이 그동안 모은 항공 마일리지로 일본 도쿄에 여행을 가신대요. • • ㉢ 최소 16주 전에 미리 예약하는 성수기 항공권

④ 내년 여름 방학에 가족과 함께 미국 여행을 계획 중이에요. • • ㉣ 사람들이 많이 예약하지 않는 비수기나 평일 항공권

2. 다음 비행기 표를 보고 알 수 있는 것이 아닌 것을 고르세요.

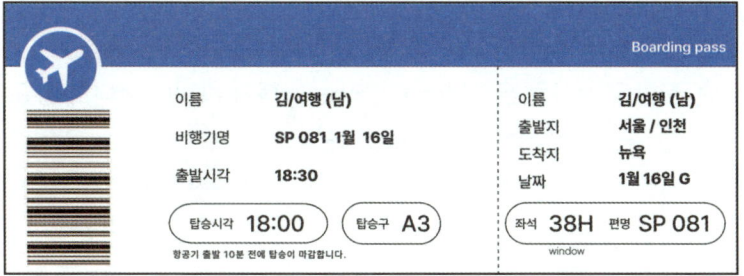

① 출발 도시 ② 출발 시각 ③ 도착 도시 ④ 비행 이동 시간

3. 항공권에 날짜 옆에 있는 알파벳을 보고, 이 항공권을 예약한 사람이 어떤 사람인지 보기에서 골라 보세요.

① 높은 금액을 지급한 승객   ② 단체로 예약한 승객
③ 마일리지로 구입한 승객   ④ 항공사 가족 승객

4. 비행기 티켓을 싸게 사는 방법으로 맞지 않은 것을 모두 고르세요.

① 여행을 갈 날짜와 도시가 정해졌다면 최대한 미리 예약을 한다.
② 평일 중에서는 금요일에 출발하는 비행기 티켓이 싸니까 금요일 출발하는 비행기 티켓을 산다.
③ 비행기 티켓은 출발 일주일 전, 공항에서 직접 구입하는 것이 가장 싼 티켓을 살 수 있다.
④ '스카이스캐너'로 여행 날짜와 도시를 검색해 항공권 가격을 비교해서 구입한다.
⑤ 사람들이 여행을 많이 떠나는 7, 8월을 피해서 여행 날짜를 정하고 비행기 표를 구입한다.

정답

1. ① - ㄴ, ② - ㄱ, ③ - ㄹ, ④ - ㄷ

2. ④

3. ②

4. ②, ③

08. 가구의 크기는 어떻게 재나요?

❝ 6자 장롱은 몇 센티미터일까? ❞

가구를 고를 때 디자인과 가격도 중요하지만, 꼭 맞는 크기의 가구를 선택하는 게 무엇보다 중요해요. 너무 작거나 큰 가구를 쓰면 불편하고 보기에도 좋지 않아요. 장롱과 서랍장과 같이 가구 뒤에 붙은 '6자, 4자'는 가구의 길이를 표현한 것이에요. 길이를 나타내는 '자'는 언제부터 쓰였을까요?

우리나라는 오래전부터 중국에서 사용하는 도량형(길이, 부피, 무게 등의 단위를 재는 방법)을 사용해 왔어요. 그러다가

조선 세종대왕 때 도량형을 다시 바로잡았어요. 당시에는 곡식이나 옷감으로 세금을 냈는데, 단위가 통일되지 않아 서로 속이는 일이 많았기 때문이에요.

　궁중 음악가였던 박연은 세종의 명을 받아 우리나라 고유의 음률을 정하기 위해 대나무로 긴 막대인 '황종관'을 만들었어요. 그리고 황종관을 부피, 무게, 길이의 기준으로 삼았어요.

쌀알보다 작은 곡물인 기장 100알을 나란히 놓았을 때의 길이를 '1척' 10알을 놓았을 때의 길이를 '1촌', 1알을 놓았을 때의 길이를 '1푼'이라고 정했어요. 이때 척(尺)은 한자로 나타낸 것이라 이것을 우리나라 표현으로 나타낸 것이 '자'예요.

1자 = 1척 = 30.30303cm

1자는 1척과 같고, 오늘날 쓰는 센티미터로 나타내면 약 30.30cm예요. 1자의 길이가 약 30cm이므로, '장롱 6자'는 길이가 30×6=180cm라는 것이고, '서랍장 4자'는 길이가 30×4=120cm라는 뜻이에요.

> 생활 속 꿀팁!

사람의 몸을 이용해 표현한 길이

길이를 재는 도구인 자가 없던 옛날에는 사람의 몸을 이용해 길이를 재기도 했어요.

① 뼘 : 손을 크게 벌렸을 때, 엄지손가락과 새끼손가락 양 끝을 나타내요. 약 20cm예요. 가구의 길이를 잴 때 자가 없으면 손가락을 벌려 몇 뼘인지 잴 수 있어요.

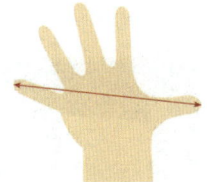

② 보 : 보는 걸음이란 뜻으로, 어른 남자의 큰 한 걸음을 나타내요. 약 1.8m 정도예요. 자신의 한 보의 길이를 알고 있다면, 긴 물건의 길이를 어림해서 알 수 있어요.

" 가구에 표시된 W, D, H는 뭘까? "

    침대, 서랍장, 책상과 같은 가구는 모두 입체도형이에요. 가로 또는 세로의 길이를 아는 것만으로는 충분하지 않지요. 가구의 높이까지 알아야 해요. 대부분의 가구는 각 면이 모두 직사각형으로 이뤄진 '직육면체'와 비슷해요. 대부분의 방 모양도 사각형이기 때문에 사각형 방에 가구를 두려면 직육면체 모양이 가장 편리해요.

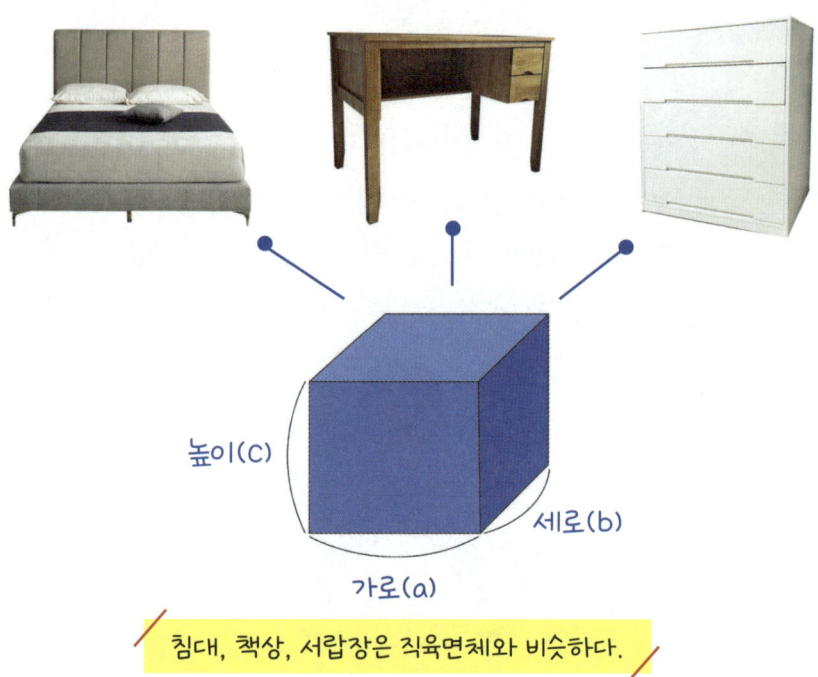

침대, 책상, 서랍장은 직육면체와 비슷하다.

이런 이유로 가구의 크기를 나타낼 때도 가로와 세로, 높이까지 3가지를 표시하고, 이때 알파벳 W, D, H를 써요. W는 'Width'의 앞 글자로 가로를, D는 'Depth'의 앞 글자로 앞쪽에서 뒤쪽으로 들어가는 깊이를 뜻해요. 마지막 H는 'Height'의 앞 글자로 바닥에서부터 세로로 잰 높이예요.

- W(Width) : 가로
- D(Depth) : 깊이
- H(Height) : 높이

예를 들어 한 가구 매장에서 서랍장을 사려고 보니 서랍장의 크기가 다음과 같이 표시되어 있었어요.

(W)800 × (D)520 × (H)733

* 단위: (mm)

이때 단위는 밀리미터(mm)를 써요. 1cm=10mm로 1밀리미터는 1센티미터의 $\frac{1}{10}$ 이에요. 800mm=80cm, 520mm =52cm, 733mm=73.3cm예요. 가구의 크기를 나타낼 때는 센티미터 대신 밀리미터 단위를 쓰는 경우가 많아요. 73.3cm와 같이 센티미터를 이용해서 표시해도 되지만, 사람들이 소수로 정보를 보는 것보다 자연수로 된 정보를 보기가 더 쉽기 때문이에요. 만약 방에서 가구 위치를 옮긴다면 미리 가구의 크기를 정확하게 측정한 다음, 가구를 어디에 둘지 길이를 꼼꼼하게 계산해야 한답니다.

의자 크기에는 SH와 AH도 있다고?

대부분의 가구 크기는 W, D, H로 크기를 표시하지만, 의자 크기를 나타낼 때는 W, D, H 이외에 두 가지를 더 표현하는 경우가 많아요.

첫 번째로 SH는 'Seat Height'의 앞 글자로 '바닥에서부터 의자 방석까지의 높이'를 뜻해요. 의자의 전체 높이도 중요하지만, 의자는 사람이 앉아서 사용하는 가구이기 때

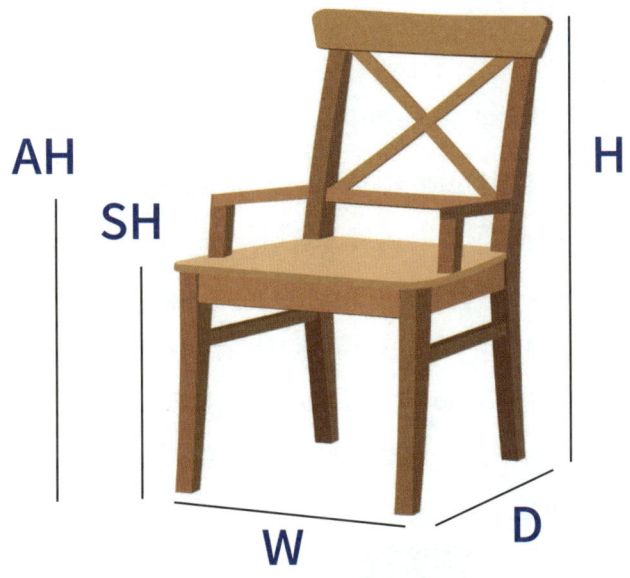

문에 방석까지의 높이가 얼마인지도 중요한 정보예요. 또 식탁의 높이에 따라 의자의 높이도 맞춰야 하므로 의자 크기를 나타낼 때는 SH도 꼭 표시해요.

두 번째로 AH는 'Arm Height'의 앞 글자로 '바닥에서부터 팔걸이까지의 높이'를 뜻해요. 만약 팔걸이가 있는 의자를 산다면 식탁 안으로 의자가 들어가는지, 들어가지 않는지 꼭 알아야 해요. 이때 AH의 길이를 확인하면 돼요.

생활 속 꿀팁!

가구 크기 숫자 끝에 붙어 있는 ″ 기호는 뭘까?

대부분의 가구 크기는 밀리미터(mm)로 표기하는데, 어떤 경우에는 숫자 뒤에 ″ 기호가 붙어 있는 것도 볼 수 있어요. 숫자 뒤에 ″ 기호가 있을 때는 밀리미터(mm)가 아니라 '인치(inch)'라는 단위로 크기를 표현했다는 뜻이에요. 1인치(inch)는 약 2.54cm예요. 아래 의자는 인치로 의자의 크기를 표현한 것이에요. 이것을 밀리미터(mm)로 바꿔 표현하면 다음과 같아요.

26.50 ″
30.25 ″   30.25 ″

1inch = 2.54cm = 25.4mm

673.1
768.35   768.35

수학 UP! 문해력 UP! 읽고 풀어 봐~!

1. 다음과 같은 침대, 책상, 서랍장은 어떤 입체도형과 가장 닮았나요?

① 정육면체 ② 직육면체 ③ 구 ④ 원기둥

2. 아래 장롱은 가로 길이가 '10자'예요. 10자는 약 몇 cm인가요?

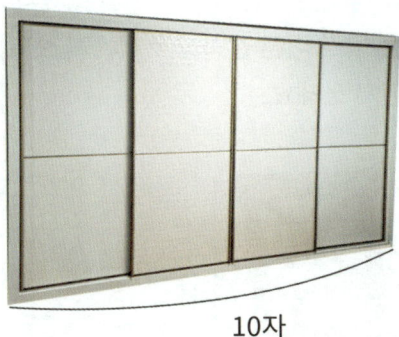

10자

① 150cm ② 200cm ③ 250cm ④ 300cm

3. 가구 매장에서 서랍장을 사기 위해 크기 정보를 확인해 보니 다음과 같이 표시되어 있어요. 크기 정보를 보고 서랍장의 빈칸에 알맞은 수를 쓰세요.

(W)1200 × (D)400 × (H)800   *단위: 밀리미터(mm)

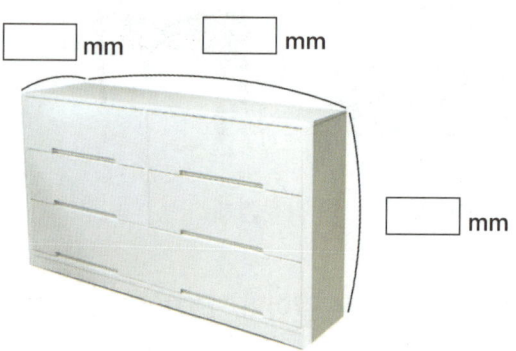

4. 의자의 크기를 나타낼 때는 SH와 AH의 값까지 나타내기도 해요. SH와 AH는 각각 어떤 길이를 뜻하는지 쓰고, 이런 길이 정보가 왜 필요한지 쓰세요.

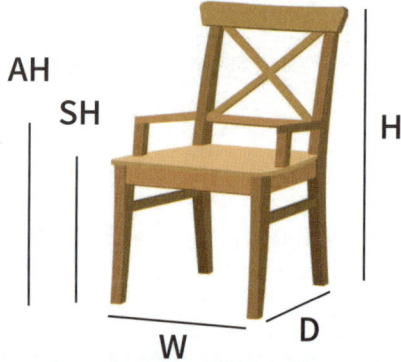

① SH = _____

② AH = _____

정답

1. ②번

2. ④번

3.
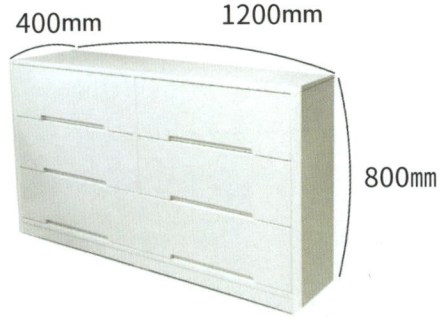

4. ① SH = 바닥에서부터 의자 방석까지의 높이
   ② AH = 바닥에서부터 팔걸이까지의 높이

   의자는 사람이 앉는 가구이기 때문에 바닥에서부터 의자 방석까지의 높이를 알아야 앉았을 때 발이 닿는지 닿지 않는지 알 수 있다. 또 팔걸이의 높이를 알아야 식탁 안으로 의자가 들어가는지, 들어가지 않는지 알 수 있다.